Emil Nolde und seine Landschaft

Anna Brenken/Heinz Teufel

Emil Nolde und seine Landschaft

Ellert & Richter Verlag

Inhalt

Günter Kunert
Zwischen den Meeren

Für jede Generation ist die Welt, die Umwelt, in die sie hineingeboren wird, eine Selbstverständlichkeit. So wie die Natur sich zeigt, gilt sie als „natürlich", als *naturgegeben.* Sie ist es aber schon lange nicht mehr. Doch erst in unseren Tagen, da die malträtierte Erde mit einer Reduktion ihrer vielfältigen Arten und Gattungen auf die Vergewaltigung durch den Menschen antwortet, hat sich auch unser Gefühl für sie verändert. Mir scheint, wir sind ihr gegenüber unsicher geworden. Wir stehen nicht mehr wie Menschen auf den Bildern Caspar David Friedrichs als integraler Bestandteil der Landschaft da, den Blick aufs Meer gerichtet oder auf den Mond, auf dem jetzt ein geriffelter Sohlenabdruck im Staub den Verlust unserer Betrachtungsweise anzeigt. Unsere Fantasie ist nicht mehr in der Lage, historische Berichte oder Bilddokumente auf unsere aktuelle Umgebung zu übertragen, um ihr einstiges Aussehen in uns wachzurufen – zumindest sind wir dazu nur noch selten fähig, unter günstigen Umständen, in einer glücklichen Stunde. Immer ist man versucht, die Ursprünglichkeit der unberührten Landschaft in der Imagination zu rekonstruieren – und immer scheitert man dabei, angesichts einer bis in ihre innerste Substanz verletzten und versehrten Wirklichkeit. Bilder, Fotografien sollen uns helfen, das „Einstmals" wiederzufinden, von dem wir nur mangelhafte Kunde haben. Was sucht der Betrachter denn eigentlich in den Fotos scheinbar ungetrübter Natur, intakter Idylle, sichtlicher Harmonie? Den Einklang mit dem Leben, glaube ich, den er längst verloren hat. Das mögen große Worte sein, aber sie entsprechen dem, was unser Denken über den Zusammenhang von Landschaft und Kunst beschäftigt. Und die Landschaft, von der die Rede sein soll, ist auch eine, die inzwischen zum Museum ihrer selbst wurde. Ehemals von Calais bis Nord-Jütland reichend, ist sie heute auf wenige Küstengebiete Dänemarks, der Niederlande und der Bundesrepublik beschränkt; in letzterer auf Nordfriesland: Hier ist das Wattenmeer noch nicht eingedeicht, obwohl der Anfang bereits gemacht ist, auch dieses Stück Erdgeschichte zu beseitigen. Es ist eine Landschaft, der die Theatralik des Gebirges genauso wie die geschichtlich geprägte Kulissenhaftigkeit des mediterranen Raumes fehlt. Ein gründlich abgenutztes Wort heißt sie: „karg". Damit meinte man wohl ein Bewußtsein, dem die Welt sich nur als Reichtum und Fülle spiegelte, etwas als „ärmlich" zu bewerten, das in seiner Eigenartigkeit und Eindrucksstärke erst spät erkannt wurde. Vermutlich, wie immer, zu spät. Daß Nordfriesland, überhaupt Schleswig-Holstein, dieses Land zwischen den Meeren, so lange so vieles von seiner Besonderheit bewahren konnte, lag vermutlich an der Ungunst der Natur, an Schwierigkeiten, hier sein Auskommen zu finden. Rückblickend auf das Territorium, das die Antike das „nebelreiche Cimbria" nannte, scheint dieser Nebel auch die Vergangenheit zu verdecken, ja viel-

Nolde lehrte die Landschaft zwischen den Meeren neu sehen. Das Watt – der amphibische Saum zwischen festem Land und offenem Meer vor der flachen Nordseeküste – bildet mit seinen Schlickbänken eine faszinierende Urlandschaft. Die Priele sind Hauptwege für das bei Ebbe und Flut einströmende Wasser.

leicht zu hüten. Die Historiker haben uns wenig genug mitzuteilen. Einiges über Bodenbearbeitung und Viehhaltung, einiges darüber, daß die „Wurten“, jene aufgehügelten Erdrondells, auf denen man siedelte, um sich vor dem Meer zu schützen, in spätrömischer Zeit wieder verlassen wurden. Das Meer stieg an:

„Der Prozeß beginnt schon im zweiten Jahrhundert nach Christus“, heißt es da, und weiter:

„Zu den Faktoren, die eine Entvölkerung bewirken, können von etwa 400 n. Chr. an auch die Völkerwanderungen gerechnet werden. Sehr wahrscheinlich sind viele Wurtbewohner mit den Angeln, Sachsen und Jüten nach England übergesetzt. Im deutschen Küstenraum rechnet man mit einem starken Bevölkerungsrückgang im 5. Jahrhundert n. Chr. Wahrscheinlich behauptete sich in Friesland und Groningen die Wurtenbesiedlung wenigstens lokal in der Merowingerzeit. Infolge der spärlichen Quellen ist es außerordentlich schwierig, von den Details der Völkerwanderungen eine klare Vorstellung zu gewinnen. Das historische Bild ist daher noch weitgehend von den archäologischen und geologischen Befunden abhängig. Eine genaue Datierung der Gebrauchskeramik aus dem 5. bis 9. Jahrhundert n. Chr. ist jedoch schwierig. Im 7. und 8. Jahrhundert sind die Bedingungen überall im Küstenraum wieder günstig …“

Aber wir treiben hier weder Bodenkunde noch Archäologie, oder doch höchstens eine der Psyche, welch letztere genauso gut oder schlecht ein historisches Produkt ist wie die so schwer datierbare Gebrauchskeramik. Tastend und unserer Versuche nicht sicher, möchten wir dem Zusammenhang und Zusammenklang von Mensch und Natur, dieser Natur, näherkommen.

Unerschütterlich bei Wind und Wetter. Die Schafe auf den Deichen stehen gegen den Himmel und wissen glücklicherweise nichts davon, daß sie sehr begehrte Lieferanten von Fleisch, Käse und Wolle sind.

Die 79 Hektar große Hamburger Hallig zählt zu den kleinen Inseln im nordfriesischen Wattenmeer vor der Westküste von Schleswig-Holstein. Ein Damm verbindet sie seit 150 Jahren mit dem Festland.

Wie haben die Leute jener Epochen, von denen uns bloße und blasse Zahlen übriggeblieben sind, diesen Lebensraum erfahren?

Zwei Konstanten müssen bestimmend gewesen sein: die See und der so selten stille Wind. Unsere nun tatsächlich karg gewordene Sprache scheint nicht imstande zu beschreiben, was für dieses Stück Norddeutschland enorm wichtig ist: den Himmel. Manchmal meint man, diesen Himmel, der unabdingbarer Teil der Landschaft ist, wesentlicher als die Landschaft sogar, ablaufen zu sehen wie einen Film, der nicht wiederholt wird. Die wechselnden Windstärken beschleunigen oder verlangsamen das Wolkengeschiebe, graue pralle Säcke, unerwartet uns zu Häupten zerfetzt, zerrissen, um einen Ausschnitt von unglaublichem Blau zu zeigen, eine plötzlich angestrahlte weiße Kumuluskuppel, einen Lichtblitz der Sonne, die, wenn sich der Wind legt, in den dunklen Jahreszeiten hinter finster hängendem Geschliere versteckt ist, so daß man nicht einmal ihren Standort ahnt.

Unvermutete Wetterwechsel, verblüffende und konträre Abfolgen: Regen, dann Hagel, dann Sonne, Windstille, Wärme, Empfindungen des Aufblühens, das sofort von Wolkenbrüchen und Orkanböen widerlegt wird.

Das Geräusch des Sturms über Nächte hin, das rhapsodische Rauschen bis in den Schlaf, von dem man nicht weiß, ob die ständige Gefährdung, unter der die Küstenbewohner lebten, ihm die Tiefe vorenthielt oder ob nicht gerade in der dunklen Jahreszeit, da das Tageslicht kaum ein paar Stunden sich blicken läßt, der Schlaf besonders lang und fest war, eine Art Winterschlaf vielleicht. Wenig Menschen im Halbjahr auf den Wiesen und Weiden, den Feldern und Deichen, vor dem Paravent zaghafter Baumgruppen: als habe eine unsichtbare Woge oder eine erneute Völkerwanderung die Einwohnerschaft hinweggetragen. Das permanente Angebot dieser Landschaft außerhalb der „Saison“ besteht nicht nur in Einsamkeit: Die findet sich überall –, sondern und vor allem in Alleinseindürfen. Man kann, was eben Alleinsein bewirkt, hier zu sich selber finden – oder doch zu dem, was man für sein Selbst halten mag. Ist dieser,

freilich flüchtig gewordene, Blick nach innen vielleicht eine schwache Variante der „Spökenkiekerei“, jenes berühmten „zweiten Gesichts“, das den Menschen hauptsächlich im Norden eigen war und möglicherweise noch ist? Zwingt die Landschaft den in ihr Weilenden oder Lebenden zu einer intensiveren Introspektion? Oder handelt es sich dabei um so etwas wie ein „seelisches Erbe“ aus einer Ära, in der keltischer Einfluß in Mittel- und Nordeuropa dominierte und die Kelten Geisterbeschwörer und Gespensterseher waren? Auch die verspätete Christianisierung der kimbrischen Halbinsel spielt wohl bis heute ihre verborgene Rolle; da die alten Wald- und Naturgottheiten in dieser Region länger „lebten“ und herrschten und der Erinnerung an sie eine geringere geschichtliche Entfernung zugrunde liegt als die Erinnerung an die des Altertums: In den Märchen und Sagen sind sie ja auch verwandelt aufbewahrt.

Alles Fragen, die nur zu stellen, aber nicht zu beantworten sind, am allerwenigsten von einer Historiographie, die uns nur mit einigen Topfscherben und Werkzeugen abspeisen muß, da sie sich genau jene Spekulation verbietet, durch die unser Interesse überhaupt erst geweckt wird. Aber aus der geringfügigen Hinterlassenschaft unserer Vorläufer erfahren wir höchstens soviel über sie, wie ein Mensch des Jahres 3000 über uns beim Anblick einer sorgfältig restaurierten Auspuffanlage eines Golf Diesel. Die Fragen, die wir also uns selber stellen, sind die nach der Psyche. In ihren Sedimenten müßte sich finden lassen, was uns die Vergangenheit näherbrächte. Ihre Auskristallisation ist die Kunst, und in ihr, der Kunst, diesenfalls der Malerei, und zwar der Emil Noldes, steckt mittelbar vieles von dem oben Erwähnten: Natur und Unnatur, Katastrophenerfahrung und Aberglauben, Bewältigung klimatischer Ungunst, Einbindung in das angeborene Umfeld, Angst und Übermut, ein Konglomerat spezifisch gefärbter Eigenschaften. Noldes Bilder sind keine direkten Entsprechungen des von ihm Erkannten und Erschauten – es sind vielmehr Übersetzungen, ein Auf-den-Punkt-Bringen dessen, was der bildnerische Instinkt erspürt hat. Übersetzungen insofern als zum Beispiel den teils unheimlichen, teils bacchantischen Figuren etwas Numinoses eingeschrie-

Die untergehende Sonne taucht Himmel und Meer in flüssiges Gold. Das Spiel der Farben löst die Grenzen zwischen Himmel und Erde auf. Abend an der Nordsee – das ist die Tageszeit für Schönheitstrunkene, die sich an dem ewigen Wechsel der Farben berauschen können.

Der Himmel ist dunkel. Doch irgendwann findet die tiefstehende Sonne ein Wolkenloch und schickt ihre Strahlen wie Scheinwerfer aufs Wasser.

Die Wolken über dem Watt haben sich zu einer Formation zusammengeballt, die einem rauchenden Vulkan gleicht.

Das nördliche Licht läßt die Blüten in Weichzeichnung verschwimmen – wie hingetupfte Aquarellfarbe, die auf dem Blatt des Malers verläuft.

Tulpen öffnen ihre Kelche zur Sonne. Die Gartentulpe war Wappenblume der Osmanen und wurde in der Türkei schon früh kultiviert.

ben ist, das dem Nord- und Nebelland eignet: Trollhaftes, Koboldartiges, Gespenstisches. Auch wenn die Gemälde Titel tragen wie „Frierende Russen", „Der große Gärtner" oder „Trio", diese anheimelnd-unheimlichen Gestalten gehören eindeutig einer anderen Spuk-Geographie an als etwa die Dämonen eines Goya. Man wähnt sie tatsächlich eher in den uralten keltischen Sagen daheim als in den tradierten und modifizierten Mythen anderer Kulturkreise.

Auch die enorme Farbigkeit Noldescher Bilder erscheint wie eine Überreaktion auf die Mattfarbigkeit der Außenwelt: So „knallig" geht es draußen selten zu. Aber gegen die meist gebrochenen Töne, die erdigen und ineinandergehenden Farben hebt sich jede einigermaßen auffällige überdeutlich ab. Die „lodernden" Blumen machten wohl nur in Noldes Garten solche Furore; andernorts, wo mehr Buntheit besteht, wäre ihre Auffälligkeit und Augenfälligkeit geringer gewesen. Selbst einige der besonders starkfarbigen Landschaftsbilder resultieren, wie ich meine, aus einem sonst vorherrschenden Farbmangel, der eben auf seine besondere Weise jede auftauchende Kolorierung sensationell wirken läßt. Daher kommen mir diese Gemälde wie Komplementärmuster einer äußeren wie inneren spezifischen Realität vor, die weitgehend unerforscht ist und es auch, wie anzunehmen, bleiben wird. Daß man mich nicht mißverstehe: Hier ist nicht die Rede von „ewigem Volkstum" oder ähnlichem Unfug, wohl aber von den psycho-genetischen Effekten einer lange Zeit urtümlich gebliebenen Landschaft und Lebensweise. Dies alles wird ja nicht einfach durch Ukas aufgelöst oder durch sich öffentlich machende Rationalität aufgehoben – es sinkt ab und führt in den unteren seelischen Schubladen sein geheimes Dasein weiter fort. Es zu leugnen, halte ich für sträflich und leichtsinnig. Anders als Gemälde, als eben die Noldeschen Bilder, verhalten sich zu dieser nördlichen Außenwelt der Innenwelt die Fotografien. Nicht nur, daß ihnen die Fähigkeit mangelt, ihre Gegenstände zu transfigurieren, sie sind auch im Moment ihrer Publikation bereits von der Entwicklung überholt und werden zu unfreiwilligen Beiträgen archäologischer Forschung.

„Nolde-Dahlie" nennen die Nordfriesen „ihre" Blume. Die Feuerdahlie gehörte zu den Lieblingsmotiven des Malers.

gen Bewohner der Gegend zur „Normalität" geworden sein, da man nichts anderes kennengelernt hat. Der gegenwärtige Zustand mag seine dokumentierende Darstellung in irgendeiner Ecke eines Heimatmuseums finden, als ein wehmutsvolles Memento, dem ohnehin keine Aufmerksamkeit mehr zuteil wird. Oder er wird, fixiert in den Aufnahmen eines Fotobilderbuches, hier und da in ein Bücherregal eingeordnet, nachdem man voller Sehnsucht nach dem verlorengehenden, verlorengegangenen Paradies die Seiten durchblättert hat.

Sie zeigen uns, da wir sie gerade betrachten, schon Vergangenheit, denn die Zerstörungen und Veränderungen dieser letzten Residuen einer nur mäßig verfälschten Natur setzen sich Tag für Tag fort: Die Eindeichung des Wattenmeers zwischen Dänemark und der Bundesrepublik wird sie endgültig zum Verschwinden bringen. Auch die noch gewaltigen und vielartigen Vogelschwärme, die im Küstenbereich und von ihm leben, werden eines nicht mehr allzu fernen Tages nur noch Erinnerung sein, so wie zum Beispiel das einst klare Wasser der in Ostsee und Nordsee fließenden Ströme nur noch Erinnerung ist. Die Wolkenformationen, die Sonnenuntergänge, das Auf und Ab der Flut, die Stürme und die Nässe werden Bestand haben, alles andere jedoch wird sich grundlegend ändern und doch für die künfti-

Wie ein erstarrter Bronzefluß erscheint die Meerlandschaft, in der sich die Priele wie Adern zum Festland hin verästeln.

Ein zartroter Sonnenball über blaugrauer Meerlandschaft mit rosafarbenen Streifen. Die oft als karg gekennzeichnete Nordseelandschaft birgt in Wahrheit unglaubliche Sensationen fürs Auge.

Der von der Kamera festgehaltene Moment erinnert an die Schöpfungsgeschichte: „Am Anfang schuf Gott Himmel und Erde. Und die Erde war wüst und leer, und es war finster auf der Tiefe …"

wir freuen uns darüber, daß Sie sich für ein Buch des Ellert & Richter Verlages entschieden haben. Wenn Sie mehr über unser Programm erfahren möchten, senden Sie bitte diese Karte mit Ihrer Adresse an uns. Sie erhalten dann regelmäßig Informationen über unsere Neuerscheinungen.

Viel Spaß beim Lesen und Schauen!

Ihr
Ellert & Richter Verlag

Das Haus liegt geduckt

ken sind wie Schnee-

Klatschmohn in verführerischer Schönheit. Der Star in den nordfriesischen Bauerngärten macht durch seine scharlachrote Farbe auch Sensation an Wegrändern und in Feldern, wo die Pflanze sich gern wild ansiedelt.

Im Blow-up wird das Tulpenfeld zu einer berückenden Komposition von Farbe und Form. Die Vergrößerung enthüllt das fein geäderte Zusammenspiel von Gelb und Rot. Die Ränder biegen sich in einer Anmut, wie sie nur die Natur erfindet.

Der Farbrausch des Nordhimmels wird gebrochen an der Dunkelheit der Erde. Die Bäume stehen wie filigrane schwarze Skulpturen vor dem gelben Licht.

Anna Brenken

Noldes Schule des Sehens
Ein deutscher „Wilder“

Jeder, der die Schönheit von Landschaft empfindet, hat sich irgendwann schon einmal gewünscht, den Eindruck im selbstgefertigten Bild festhalten zu können. Am liebsten möchte man aquarellieren wie Emil Nolde. Wer einen Tuschkasten besitzt, kennt diesen schönen Traum gut und genauso das Scheitern, das dem Versuch auf dem Fuß folgt. Mit Wasserfarben malen sieht leicht aus, verspricht schnellen Erfolg und ist in Wirklichkeit sehr, sehr schwer. Trotzdem mischen seit Generationen kleine und große Sonntagsmaler ihre Tuschkästen im Stil des Meisters aus dem hohen Norden auf, der für sein Land Farben entdeckte, wie sie noch nie jemand gesehen hatte: Roter Himmel über grünem Meer. Gelbe Wolken über schwarzen Wiesen. Flammende Blumengärten ohne Ende. Auf den Spuren von Noldes Motiven aquarelliert heute immer noch eine Heerschar unverdrossener Adepten, wie sie kein anderer deutscher Künstler des 20. Jahrhunderts aufweisen kann.

Emil Noldes Werk, das zu den revolutionärsten und einflußreichsten Leistungen der deutschen Kunst des vergangenen Jahrhunderts zählt, hat diese inflationäre Anerkennung unbeschadet überstanden. Auch die massenhafte Verbreitung durch Postkarten, Poster, Kalenderbilder hat ihm nicht ernsthaft geschadet. Die Emanzipation der Aquarelltechnik, die Nolde zu verdanken ist, gilt bis heute.

Diese Modernisierung einer alten Malweise ist eine hoch einzuschätzende Leistung des Künstlers. Aber auch insgesamt gesehen hat die Wirkungsgeschichte seiner Kunst nicht aufgehört aktuell zu sein. Sein Werk gilt bis heute als eine „Schule des Sehens“ in mehrfacher Hinsicht.

Seine Bilder öffnen die Augen für eine Landschaft, die auf den ersten Blick von den meisten Menschen als flach, grau, ja sogar langweilig gesehen wird. Daß dieses Land zwischen den Meeren – Schleswig-Holstein (Noldes Heimat) – anders ist, hat dieser Künstler uns vor Augen geführt wie niemand vor ihm und niemand nach ihm. Er hat dieses scheinbar unspektakuläre Flachland als grandioses künstlerisches Spektakel gedeutet. In den Hauptrollen: die vier Elemente.

Landschaft als elementares Drama der Natur. Das ist die eine Seite von Noldes Schule des Sehens. Mindestens ebensoviel ist von seinen Bildern über die Freiheit der Kunst zu lernen. Die neue Freiheit von Form und Farbe, zu der Nolde zu Beginn des 20. Jahrhunderts die Türen aufstieß.

Was ist Kunst? Bei Nolde ein Sturm der Farben. Der Rausch von Rot, Gelb, Grün. Der Mut, Zinnoberrot mit Violett, Orange und Gelb zu konfrontieren. Er war kein Abstrakter. Seine Abneigung gegen eine intellektuelle Definition der Kunst, seine Neigung, sich die Dinge intuitiv anzueignen, mögen ihn daran gehindert haben, den Schritt in die Abstraktion zu tun. Aber sein ekstatisches, fast religiöses Einfühlungsvermögen in die Natur führte ihn zu einer Malerei, die die Farbe von ihrem Gegenstand befreite und die Kunst an ihre

Im Vorland der Hamburger Hallig. Das Naturschauspiel des Regenbogens entfaltet seine ganze magische Schönheit.

Wurzeln führte. Wo andere ein Gewitter aufziehen sehen, stürmte auf Nolde eine Flut, ein Gebirge von Blau, Schwarz, Rot, Gelb, Grün und Weiß ein. Der nahe Blick in eine rot flammende Klatschmohnblüte ist in seiner Kunst eng verschwistert mit dem brennenden Himmel eines winterlichen Sonnenuntergangs über dem Meer. Hergestellt wird die Verwandtschaft über die Farbe ROT.

Daß der 1867 geborene Bauernjunge Emil Hansen aus dem nordfriesischen Dorf Nolde, der sich im Alter von 34 Jahren den Namen Emil Nolde gab, zum führenden deutschen Expressionisten werden sollte, war ihm durchaus nicht in die Wiege gelegt worden. Im Gegenteil. Alles sprach gegen eine Künstlerkarriere. Das Wort „Künstler" war den Menschen im engen Umkreis von Noldes Kindheit durchaus suspekt. Auf dem Hof seiner Eltern, nicht weit vom heute dänischen Tondern, wurden alle Hände für die Arbeit im Haus und auf den Feldern gebraucht. Die Lust zu zeichnen, die den kleinen Emil laut späterer Bekundung schon in sehr jungen Jahren packte, wurde eher mißtrauisch beobachtet. Daß der Künstler seine Anfänge, wie er sie in seinen ab dem 60. Lebensjahr verfaßten biographischen Aufzeichnungen festhielt, in Maßen verklärte, ist anzunehmen. Autobiographie als Wunsch-Selbstbild.

Trotzdem bleibt bewundernswert, wie sich Nolde gegen alle Widerstände auf seinen langen Weg zur Kunst machte. Ein friesischer Dickschädel, wie er im Buche steht. Ein Künstler, der seiner Heimat, der nordfriesischen Meereslandschaft, ein Leben lang treu blieb. Der sich auf zahlreichen Reisen die Welt eroberte, ohne je seine heimatlichen „Eierschalen" wirklich abzuwerfen. Das flache Land zwischen Nordsee und Ostsee war der mythenbesetzte Urgrund, in dem sein Leben, sei-

Das historische Foto gibt einen Eindruck von Noldes Kindheit. Freizeit war damals noch ein unbekanntes Wort. Die Kinder mußten von klein auf mit im Felde und auf dem Hof helfen.

An hohen kirchlichen Feiertagen trugen die Menschen in Emil Noldes Heimat reichgeschmückte Trachten. Hier eine Frau von der nordfriesischen Insel Föhr beim Kirchgang.

ne Kunst verwurzelt waren. Er erlebte die Natur mit einer Leidenschaft, die sich bis zur Ekstase steigern konnte. Wie ein Glaubensbekenntnis muten die Sätze an, die in seinen Aufzeichnungen nachzulesen sind: „An den Mond glaube ich und an die Sonne, ich spüre ihre Wirkungen. An die Glut im Inneren der Erde glaube ich und an ihr Verhältnis zu den Menschen.“ Paul Klee bezeichnete den Künstlerkollegen einmal als „Dämon der unteren Region“.

Mit der ihm eigenen eckigen Diktion beschrieb Nolde sein Wunschbild von sich selbst: „Natur- und Kulturmensch zugleich, göttlich sein und ein Tier, ein Kind sein und ein Riese, naiv sein und raffiniert, voll Gemüt und voll Verstand, leidenschaftsvoll und leidenschaftslos. Da ist sprühendes Leben und schweigende Ruhe.“ Nicht ohne Koketterie hat Nolde behauptet, das einzige Buch, das er wirklich zu Ende gelesen habe, sei die Bibel. Wahrlich ein Buch, das für einen Phantasiebegabten zum reichen Fundus für eine eigene Götter- und Dämonenwelt werden kann. Nolde liebte seine Traumwelt, die ihm phantastische Bilder und großartige Visionen bescherte. Er ging seinen Träumen nach, nahm sie sehr ernst, mochte sie aber auf keinen Fall analysieren.

Seine feindliche Haltung gegenüber intellektuellem Denken und seine Neigung zu visionärer Empfänglich-

Mit handlichen Netzen, die Schiebehamen genannt wurden, zogen Männer und Frauen früher bei Ebbe raus ins Watt, um Krabben zu fangen.

keit lassen ihn auch heute noch als extremen Gegenpol zu den geistigen Strömungen seiner Zeit erscheinen, wo „Über das Geistige in der Kunst", wie die berühmte Schrift des russischen Malers und Kunsttheoretikers Wassily Kandinsky lautet, nachgedacht wurde.

Der nordisch dunkel getönte Pantheismus Noldes findet bis heute seine Anhänger. Das Pathos, mit dem der Künstler in seinen Aufzeichnungen sein Verhältnis zu Religion und Natur beschreibt, mag bedingt sein durch eine Idealisierung, die sich einschleicht, wenn einer im Alter von über sechzig Jahren sich seiner Kindheit und Jugend erinnert. Aber es ist beeindruckend, wenn die Selbststilisierung so kraftvoll gelingt wie bei ihm, wenn er beispielsweise schreibt: „Mit Abschluß der Schule war die Arbeit in der Landwirtschaft begonnen. Zuweilen aber ging ich allein übers Feld, von Gedanken und unbestimmten Gefühlen getrieben. Im hohen Kornfeld, von niemandem gesehen, legte ich mich hin, den Rücken platt zur Erde, die Augen geschlossen, die Arme starr ausgestreckt, und dann dachte ich: so lag dein Heiland Jesus Christus, als Männer und Frauen ihn vom Kreuz ablösten, und dann drehte ich mich um, in unbestimmbarem Glauben träumend, daß die ganze, große, runde, wundervolle Erde meine Geliebte sei."

Der Künstler als Schmerzensmann und Weltumarmer. Nolde wurzelt mit dieser Vorstellung noch tief im 19. Jahrhundert, in dem der Künstler als Genie und Schöpfer eines einmaligen Werkes gefeiert wurde. Eine romantische Idee, die im 20. Jahrhundert deutlich Federn lassen mußte, an die Nolde aber bis zuletzt zutiefst glaubte. Sein Sendungsbewußtsein war zeit seines Lebens größer als seine Selbstzweifel.

Zu diesem traditionellen Bild von

Das Haus auf der Halligwarft ist von Prielen wie von Fangarmen des Meeres umschlungen. Das Grün der Salzwiesen wirkt wie Ölfarbe auf einer Riesenleinwand. Wer hier lebt, muß die Einsamkeit lieben. Nolde konnte ohne diese Einsamkeit gar nicht leben.

der tragischen Existenz des Künstlers als Genie gehörte auch, daß er zur Einsamkeit verurteilt war, daß er unverstanden blieb und keinen Erfolg hatte. Zumindest die Einsamkeit hat Nolde sich für sein Leben aufoktroyiert. Sich einer der Künstlerkolonien anzuschließen, die mit dem Aufkommen der „Plein-air-Malerei" in der zweiten Hälfte des 19. Jahrhunderts en vogue waren, kam für ihn nicht in Frage.

Sein Rückzug in die Einsamkeit seiner ländlichen Heimat erinnert an einen anderen Eigenbrötler der frühen Moderne: Paul Cézanne. Der 1839 in Aix-en-Provence Geborene, der knapp drei Jahrzehnte ältere Bahnbrecher der modernen Malerei, zog sein stilles Refugium in der Provence unbedingt dem lauten Paris vor. Genauso wie Nolde seine winterlichen Arbeitsmonate in Berlin irgendwann zugunsten der Einsamkeit am Meer aufgab.

Nolde selbst hat die französische Malerei als „Eisbrecher" für seine Kunst bezeichnet. Vincent van Gogh in der Provence, Edvard Munch auf dem Lande in Norwegen, James Ensor im stillen Ostende. Ihnen fühlte er sich verwandt. Im Leben und in der Kunst. 1905 formierte sich in Frankreich eine Malergruppe um Henri Matisse, deren Kunst von der zeitgenössischen Kritik mit den Bildern von „Fauves", Wilden, verglichen wurde. Der Fauvismus war geboren. In Deutschland wurde Emil Nolde im ersten Jahrzehnt des 20. Jahrhunderts zum herausragenden „Wilden" in der Kunst. Sein Gastspiel in der ebenfalls 1905 gegründeten Dresdener „Brücke"-Gruppe war kurz (1906/07). Die eine Generation jüngeren „Brücke"-Künstler Erich Heckel, Ernst Ludwig Kirchner, Max Pechstein, Karl Schmidt-Rottluff, die „alle revolutionären und gärenden Elemente" an sich ziehen wollten, konnten ihn nicht halten. Der Nordfriese blieb der große Einzelgänger des deutschen Expressionismus. Der 1968 erschienene Roman von Siegfried Lenz „Deutschstunde", zu dem Noldes Lebensgeschichte, vor allem das Kapitel des Malverbots ab 1941 und seine „Ungemalten Bilder", die Vorlage lieferte, machte den Künstler endgültig zur Legende.

Mit offenen Augen unter weitem Himmel träumen. Der alte Nolde hielt in seinen Erinnerungen fest, wie gerne er als Kind seiner Phantasie freien Lauf ließ. In den Wolken entdeckte er Bilder von merkwürdiger Schönheit.

Keine menschliche Spur zerstört die von Wind und Wasser geformte Dünenlandschaft. Die Natur kann der Künstler nicht nachahmen, sondern nur überhöhen.

Eine alte Weisheit: der Mensch sieht nur, was er weiß. Wer diese sich öffnende Kapuzinerkresse lange betrachtet, wird vielleicht mit geschärftem Blick die Schönheit der Natur wahrnehmen.

Liebeserklärung an eine Blume. Die Mohnblüte mit ihrer starken Farbenpracht spreizt sich vor lila, grünem und schwarzem Hintergrund. Ein Kunstwerk der Natur und der Fotografie.

Der Himmel brennt im Sonnenuntergang, und das sanfte lilagraue Wasser macht keine Anstalten ihn zu löschen. Diese dramatischen nordischen Abendhimmel, die es immer schon gab, sieht man heute als „Nolde-Himmel", weil er sie malte wie niemand vor ihm.

Noldes Land
Himmel über dem Meer

In seiner Heimat Nordschleswig sagten die Leute, wenn sie ihm nachschauten: „Der Maler tut segeln, mit dem Wind gegen den Wind und mit dem Wind gegen sich.“ Dieses schöne Zitat findet sich in Emil Noldes Lebenserinnerungen. Über die Verschmelzung dieses Künstlers mit der Landschaft, in die er hineingeboren wurde, und die Bedeutung des Erlebens dieser Landschaft für seine Kunst ist viel geschrieben worden. Am eindrucksvollsten hat er selber die symbiotische Beziehung zu seinem Land zwischen den Meeren geschildert. 1901, während eines Aufenthalts in Lildstrand an der dänischen Nordseeküste, schrieb der 34jährige an einen Freund, daß er am Meer mit Luft und Wasser verwachse: „Ich liege nun dauernd am Abhang jener Düne u. lausche wie die Halme rasseln u. der Wind spielet. Das Gras durchflechtet meine Kleider u. Sand lagert sich über mich. In der einen Tasche wohnt eine alte Kröte u. wilde Bienen sammeln Honig in meinem Hut. Hände und Finger schlagen Wurzeln tief unten im Sand, die Zehen sind bereits doppelt so lang geworden u. werden bald emporwachsen zu großen Bäumen, welche dann in einer seltenen Farbe blühen. Wenn dann der Seewind die Blütenblätter zerstreut, entsteht eine seltsame Frucht, die jeder bewundert, aber niemand anzurühren sich traut.“

Zehen, die zu Bäumen emporwachsen, Gras, das die Kleider durchflechtet. Das mutet an wie ein surrealistisches Bild. In Wirklichkeit sehen Noldes „seltsame Früchte“ (gemeint sind seine Bilder) in diesem Sommer noch ganz traditionell aus. Es ist ein Sommer des Kampfes mit seiner Kunst. Aber auch in den Jahren, die dem Durchbruch zum eigenen Stil, zu seiner expressiven Wucht der Farben folgen, beschreibt sich der Künstler immer wieder als ein ewig unruhig in der Landschaft Suchender. Wanderungen über Land waren für ihn von jung an ein Lebenselixier und die beste Möglichkeit, mit sich ins reine zu kommen.

1930 flüchtete er vor Reparaturarbeiten an dem selbstentworfenen Atelierhaus in Seebüll (nicht weit von Niebüll) nach Sylt: „Wie ein Trunkener lief ich stundenlang den Strand entlang oder durch den flüssigen Sand der Dünen, meine Gesänge schreiend, wo es einsam war, schreiend mit den Möwen.“ – „Ich stand am Strand mit breiter Brust dem Meer gegenüber und dann in die Lappen gehüllt, die wir Kleider nennen … Ein Wilder läuft den Strand entlang im weißen Nebel, der den Wogen folgt.“ – „Ich war aufgetan, wie blühende Blumen zur Sonne es sind, künstlerisch empfänglich jedem Laut und jeder kleinen Anregung.“

Wie kein anderer Künstler seiner Zeit war Nolde empfänglich für die übersinnlichen Erscheinungen, die die Natur den Menschen vorgaukelt. Die ländliche Geister- und Gespensterwelt war ihm seit seinen Kindertagen auf dem Bauernhof vertraut. Der Wechsel von Ebbe und Flut. Die Macht des Mondes über das Meer. Das Leben in

Dem Watt im Spätlicht fehlt nur eins: die Märchengestalt Sterntaler, die die Schürze hätte aufhalten können, um darin all' die zu Boden fallenden Goldtaler aufzufangen.

einem von Sturmfluten bedrohten Land. Nolde, der die Natur mit leidenschaftlichen Sinnen aufnahm, sah darin mehr als nur Nebel, Wolken, Wogen, Sonnenaufgänge und Sonnenuntergänge. Für ihn war die Natur belebt mit Trollen, Riesen, Zwergen, Gnomen, Hexen – den archaischen Spukgestalten, die der Verstand nicht zu erklären vermag, die die menschliche Phantasie unter dem Eindruck von Naturgewalten gebiert.

In Theodor Storms Novelle „Der Schimmelreiter" (1888) ist diese norddeutsche „Spökenkiekerei" auf das schönste literarisch festgehalten. In Emil Noldes Landschaftsbildern spuken andere nordische Geister. Amorphe und manchmal gar nicht bedrohliche, sondern eher burleske Gestalten aus der Sagen- und Legendenwelt des Nordens, für die sich der Künstler früh interessierte.

Der Maler nutzte seine halluzinatorischen Fähigkeiten für seine Kunst. Seine visionären Landschaften sind ohnegleichen. Er sah mit anderen Augen in die Welt als seine südlicher beheimateten Kollegen. Auf dem frappierenden Selbstbildnis von 1917, das heute zu den großen Kostbarkeiten der Nolde-Stiftung Seebüll gehört, schaut der Künstler mit weit aufgerissenen hellen blauen „Seher Augen" aus dem Bild heraus. Augen, die den Himmel und das Meer zu spiegeln scheinen. Die das Eisblau des Nordens eingefangen haben. Wie Nolde die Welt sah und in sich aufnahm, hat er selbst einmal mit dem bildhaften Ausdruck von seinen „umhergrasenden Augen" schön beschrieben.

Die suggestive Wirkung der Bilder dieses exzessivsten deutschen Expressionisten ist so stark, daß die Liebhaber seiner Kunst das Ferienland Schleswig-Holstein und die Eigenarten seiner Landschaft heute als Nolde-Land erle-

Die Farbpalette in Angeln, der Hügellandschaft zwischen Flensburger Förde und Schlei, wird im Frühsommer beherrscht vom Gelb der Rapsfelder. Das war für Nolde oft eine Zeit des großen Schaffensrausches.

Das Wogen der Kornfelder – hier bei Kappeln an der Schlei – ist wie ein Pendant zu der Bewegung der Wellen auf dem Meer.

Bei Friedrichskoog, dem südlichen Rand von Noldes Heimat, wurde das Land mühsam dem Wasser abgerungen. Zum Schutz vor Überflutungen sind die Niederungen heute eingedeicht.

Die Flut kommt. Das war an der Küste früher wie heute ein Schrekkensruf. Der Bauer treibt seine Pferde an, um rechtzeitig das sichere Festland zu erreichen.

Die junge Mutter – mit ihren zwei Töchtern am Brunnen zur ländlichen Idylle arrangiert – bietet ein Feierabendbild aus der Zeit, als Emil Nolde geboren wurde.

ben. Mehr als andere deutsche Landstriche ist dieses von der letzten Eiszeit geformte Gebiet mit seinen vorgelagerten Inseln seit Jahrhunderten den Naturgewalten ausgeliefert. Manche Flächen liegen unter dem Meeresspiegel. Auch die Seen, die die Landschaft so anmutig machen, entstanden während der Eiszeit. Sie sind heute hochbeliebte Zufluchtsorte für Städter, die Ruhe und Erholung in der Natur suchen. Daß Johann Wolfgang von Goethe einmal von den „Sumpf- und Wassernestern weit hinten im Norden“ schrieb, darf man vergessen. Deutschlands großer Dichter hat sich in Wahrheit dem Reizklima dieser Landschaft nie ausgesetzt.

Zu der besonderen Gestalt des Nolde-Landes gehören die vielen kleinen Flüsse, die schmalen Förden und Steilküsten mit den dahinter liegenden Hügeln und Feldern im Osten sowie das Flachland mit Gräben, Warften, Salzwiesen und den davor liegenden Wattgebieten, den Halligen und Inseln im Westen. Im Osten trennt die Schlei, eine schmale Meeresbucht, die Landschaft in Nord und Süd. Wie ein Fluß schiebt sie sich 43 Kilometer durch das Land. Zu Recht wurden hier viele Gebiete unter Landschaftsschutz gestellt. Genauso wie an der Eider im Westen. Schleswig-Holsteins längster Fluß (188 Kilometer lang) entspringt südlich von Kiel bei Bornhöved und mündet südlich von Tönning in die Nordsee. Seit

Idylle am Wieding-
harder Gotteskoog. Einfache Segelboote dienten damals als Transportmittel und Gefährt beim Fischfang.

1973 zähmt der Eider-Staudamm die Naturgewalt des Meeres. Die Technik besiegt die Natur?

Wir dürfen sicher sein, daß Nolde da höchst skeptisch gewesen wäre. Und was hätte er zu den Windkraftanlagen gesagt, zu den nahezu 2000 weißen Riesenspargeln, die heute in Schleswig-Holstein in den Himmel stechen und mit ihren Rotoren surrend den Wind in elektrische Energie umwandeln? Nolde hat diese technische Domestizierung von Natur 1926 am eigenen Leib erfahren. Aus „gewichtigen Gründen", wie der Maler schreibt, verließen er und seine Frau Ada das Domizil Utenwarf am Fluß Wiedau, um auf der Warft Seebüll ein neues Zuhause zu suchen: „Die Entwässerungsarbeiten drohten alle Natur- und Urschönheit zu vernichten, die kalt rechnenden Ingenieure hausten barbarisch in der Landschaft."

Der Künstler liebte die Landschaftsgestaltung, wie die Natur sie geprägt hatte. Er liebte die Natur auch mit ihren zerstörerischen Kräften. Tief beeindruckt berichtet er in seinen Lebenserinnerungen von einer Kutterfahrt auf der Ostsee, die er bei stürmischem Wetter vor der Insel Anholt im Kattegat erlebte: „Ich stand, krampfhaft am Geländer der Treppe mich festhaltend, schauend und staunend, mit dem Schiff und den Wellen auf und nieder schwankend. Dieser Tag ist mir in einer so starken Erinnerung geblieben, daß jahrelang nachher ich danach meine Bilder malte, die Bilder mit wogenden, wilden, grünen Wellen und an der oberen Kante nur ein klein wenig gelber Himmel. Falls eine Sturzsee mich über Bord gespült und ich im Element zwischen Leben und Tod hätte kämpfen müssen – ob ich wohl dann das Meer noch mächtiger würde malen können?"

Noch heftigere Eindrücke empfing der Maler auf der Westseite seiner

Die „Nolde-Dahlie" prunkt in wechselndem Licht in immer neuer Schönheit. Die Blume, die heute so typisch ist für die Gärten Schleswig-Holsteins, war ursprünglich in Mexiko und Guatemala zu Hause. Die Azteken nannten sie „Acocotli".

meerumschlungenen Heimat. Was hier eine Sturmflut bedeutet, weiß jeder, der einmal bei Windstärke sieben und mehr auf dem Deich gestanden hat. Die furchtbaren Sturmfluten an der Nordsee haben die Gestalt der Landschaft durch die Jahrhunderte immer wieder nachhaltig verändert. Nordsee = Mordsee. Das gilt bis heute. Immer wieder verschlang das Meer Land, das die Menschen ihm abgerungen hatten. Die friesische Sage von der Stadt Rungholt, die auf dem Meeresgrund vor der schleswig-holsteinischen Küste liegen soll, ist eine nordische Variante des Atlantis-Mythos von der versunkenen Stadt. Die Rungholter wurden der Sage nach für ihr sündiges Leben bestraft.

Die Auftritte unbezähmbarer Naturgewalt, wie Nolde sie in seiner Heimat erlebte, fördern abergläubische Phantasien. Bei Nolde forderten sie zusätzlich die künstlerische Gestaltungskraft heraus. Der endlos weite Himmel über dem flachen Land, jagende Wolken über dem tobenden Meer. Das waren kosmische Eindrücke, die der Künstler zu Bildern verdichtete, deren glühende Farbkraft uns noch heute überwältigt. „Ich sah die erregte und wilde Schönheit, die abends ihre Feuerfinger über den Himmelsbogen ziehen läßt in schwebenden Wolkenstreifen, in loderndem, glühendem Farbenwechsel vergehend. Ich fühlte die Schwüle der Stunde, ich fühlte sie wie Glut und Funken sprühen …", schrieb er in seinen Erinnerungen.

Manche Gemälde und Aquarelle muten an wie die Geburt des Lichts. Und es ward Licht – wie in der Genesis. Der Maler als Schöpfer von Bildern, die alles andere sind als eine traditionelle Darstellung von Landschaft. Nolde, der ekstatische Naturmystiker, wollte und schaffte mehr. Ihm gelang eine Landschaftsdarstellung der inneren Bilder, die getragen werden von heftiger Empfindung und nicht von kühl analysierendem Hinschauen. „Farbe ist Kraft; Farbe ist Leben." Und da er die Welt in Farben sah, entfesselte er in der Bildfläche wahre Stürme von Rot, Gelb, Blau. Farben als Transport von Gefühlen. Die Katharsis, die das Malen für den Künstler bedeutete, empfindet vor seinen Werken auch der Betrachter.

Wie sehr Noldes Sinne auf die Farbe ausgerichtet waren, beweist auch eine Bemerkung in seinen Erinnerungen. Da beschreibt er die Stimme seiner Frau Ada „… zwischen rostrot und liladunkel".

So gibt es das Nolde-Land also zweimal. Als real existierende Landschaft, in die der Künstler hineingeboren wurde, und als empfundene Landschaft in der Kunst. Zu den herrlichen Rändern dieses künstlerischen Territoriums gehören die Bilder, zu denen sich Nolde von den nordfriesischen Bauerngärten inspirieren ließ. Diese an sich so bescheidenen Anlagen – eine Verbindung von Nützlichkeit und Schönheit – wurden ein grandioser Teil seines Kosmos, in dem Purpurmohn und blauer Rittersporn, zinnoberrote Feuerlilien, gelbe Dahlien und lila Tulpen den Ton angeben.

In einem Gemälde aus dem Jahr 1940 sind Schöpfertum und Blumenwelt in wunderbarer Symbiose ins Bild gesetzt. Im Vordergrund des Werkes, dem der Maler den Titel „Der Große Gärtner" gab, wachsen rote und orange Blütenkelche auf übernatürlich hohen Stengeln zu einem gütig schauenden alten Mann empor, der im Hintergrund seine schützende Hand zu den Blüten ausstreckt. Gott als der Große Gärtner? Als Nolde dieses mit seinen leuchtenden Farben und einem ruhigen, flächigen Pinselstrich sehr harmonisch wirkende Bild malte, war er schon 73 Jahre alt. Die Verehrer des Künstlers mögen bei diesem späten Gemälde den Vergleich ziehen zu Ludwig van Beethovens 6. Sinfonie, der „Pastorale", in der so berückend schön die Ruhe nach dem Sturm folgt.

… und irgendwo hinter dem Horizont im Westen liegt Amerika! Einsame Meeresspaziergänge im Watt bei Abendlicht sind so traumhaft schön, daß sie jedes schlichte Liebespaar zu Welteroberern erheben.

Der Himmel dräut. Die Atmosphäre ist gespannt. Nicht nur der Bauer und der Künstler halten bei so dramatischer Wetterlage den Atem an. Jedermann wartet mit Spannung, was sich da am Himmel entladen wird.

Wüste am Wasser. Die Sandfläche erinnert an die Weiten der Sahara, die im Westen ja tatsächlich auch vom Meer begrenzt wird.

Nordseestrand und Saharaküste können manchmal wie Geschwister erscheinen. Nur die Temperaturen spielen nicht mit.

Theodor Storm, der zu Zeiten Noldes gelebt und in seinen Worten die dramatischen Stimmungen seiner nordfriesischen Heimat wiedergegeben hat, dichtete: „… über die feuchten Watten spiegelt der Abendschein.“ Von Prielen, Lahnungen und Buhnen durchzogen bildet die Urlandschaft immer neue Formationen, während das Foto nur einen Zustand – die Momentaufnahme – kennt.

Das Dorf Nolde

Emil Hansen, der sich im Alter von 34 Jahren Emil Nolde nannte, wurde 1867 in dem damals zu Preußen gehörenden Dorf Nolde geboren. „Meine Geburt am 7. August 1867 war selbstredend kein Ereignis und die Eintragung im Kirchenbuch wurde vergessen. Später mag der alte Pastor Grauer es bemerkt haben, aber ist dann anstatt zum 7. August zum 20. August geraten, und dadurch ist mir die Kuriosität zweier Geburtstage, eines privaten, in Mutters Gesangbuch von Vater geschrieben, und eines amtlichen, im Kirchbuch, entstanden", so beschreibt es Nolde in seinen Erinnerungen.

Genauso uneindeutig wie das Geburtsdatum ist die sprachliche Zugehörigkeit des Kindes Emil. Sein Vater Niels Hansen aus dem westlichen Nordschleswig bei Seebüll war Friese, seine Mutter Hanna Christine Hansen Schleswigerin. Im Dorf Nolde, wo die Familie der Mutter seit vielen Generationen beheimatet war, wurde in der Schule hochdeutsch gesprochen, im Religionsunterricht hochdänisch, auf dem Markt plattdeutsch und in der Familie plattdänisch.

Nolde war mit dieser Mischung nicht unglücklich. Ganz im Gegenteil. Sein Leben lang beharrte er auf seiner Vermischung der verschiedenen sprachlichen Einflüsse. Nachzulesen in seinen Erinnerungen „Mein Leben", wo kuriose Formulierungen und unorthodoxer Satzbau zum nördlichen Charme dieser Autobiographie gehören.

Emil wurde als sechstes von sieben Geschwistern geboren. Ein Dorfkind, das schon als kleiner Junge anders war als die anderen. So hat er es jedenfalls später selbst dargestellt. Daß er gerne malte und zeichnete, gefiel wohl dem Dorfschullehrer, aber nicht dem Vater. „Mein Vater konnte heftig werden. Er dann faltete ein Tau zusammen und vornübergebeugt, mit meinem Kopf zwischen seinen Knien, wurde ich Schlingel verbleut, bis laut ‚lieber, lieber Vater' weinend ich schrie."

Die Bewältigung des Alltags ließ den Menschen in der ländlichen Einsamkeit wenig Zeit für anderes. Eine puritanische Ablehnung den schönen Dingen des Lebens gegenüber kam hinzu. Die Außenseiterrolle für Emil Nolde war in diesem geistig-kulturell nicht förderlichen Klima vorprogrammiert. Eine gute Fee hatte ihm den Drang zu Höherem in die Wiege gelegt. Und mit der sprichwörtlichen nordfriesischen Dickschädeligkeit machte er sich gegen alle Widerstände auf den Weg. Der kleine Junge malte mit Holunder- und Rote-Bete-Saft. Eine frühe Vorwegnahme der Lieblingsfarbe des Künstlers Emil Nolde – Rotviolett. Im Alter von neun Jahren erhielt er ein wunderbares Geschenk: einen Tuschkasten.

Als junger Mann aquarellierte Nolde den elterlichen Hof. Wir sehen ein niedriges Backsteingebäude, reetgedeckt. Vor den Stalltüren laufen Hühner frei herum. Arbeitsgeräte stehen auf dem ungepflasterten Boden. Kein reicher Gutshof und keine arme Kate,

Im Alter von 35 Jahren heiratet Emil Hansen, der sich nun nach seinem Heimatdorf Nolde nennt, die Schauspielerin Ada Vilstrup. Das Foto zeigt das Paar in seinem Hochzeitsjahr 1902.

sondern ein Bauernhof wie im Bilderbuch, wo im Stall die Kühe stehen, die Schweine gefüttert werden und die Kinder früh zur Arbeit herangezogen werden.

Das auch heute noch sehr abgeschieden zwischen Tondern und Flensburg liegende Dorf Nolde bestand 1867 aus fünf Gehöften und vier kleinen Katen. Unter den 68 Einwohnern galt der Junge Emil Hansen bald als Einzelgänger. Nach dem Abschluß der Volksschule, in der er eine Klasse wiederholen mußte, arbeitete er ein saures Jahr lang auf dem Hof seines Vaters. Wie ungern der 16jährige diese Landarbeit tat, zeigt eine Episode aus seinen Erinnerungen. Bei der Frühjahrsarbeit saß er einmal zeichnend auf dem Pferdewagen: „Die Zügel aber lagen dabei schlaff, die Pferde gingen langsamer und langsamer und schließlich an einer Biegung landete der Wagen im Graben. Das wiederholte sich noch einmal mit vollem Fuder, und noch einmal, und die angefahrenen schiefen Heckpfähle kennzeichneten meinen Weg. Die Brüder anfänglich lachten über den unfähigen Jungen, aber wurden dann doch ärgerlich. Mein Vater auch. Ich machte ihm Sorgen."

Nach den Vorstellungen des Vaters sollte dieser schwierige Junge Schlachter oder Tischler werden. Etwas, was den eigenen Wünschen des Heranwachsenden absolut widersprach. Sicher konnte sich Nolde zu der Zeit noch kein Bild davon machen, was es heißt, sich für die Existenz des Künstlers zu entscheiden. Aber vage zielten seine Träume bereits doch schon in diese Richtung.

Daß er später immer wieder auf den elterlichen Hof, in das enge Dorf Nolde zurückkam, zeigt, wie wichtig ihm die Eindrücke seiner Kindheit waren. Die Weite der Landschaft um sein Heimatdorf, der Kosmos von Himmel, Meer und grünem Land, frühe heftige Erlebnisse in der Natur waren die Grundsteine zu dem stark ausgeprägten Heimatgefühl, das Nolde besaß, aus dem er sich immer wieder die Kraft für seine Kunst holte. In seinem Erinnerungsbuch „Jahre der Kämpfe" beschreibt der Maler, wie er seine junge Braut Ada Vilstrup, eine dänische Schauspielerin, die er 1901 auf Seeland kennengelernt hatte, in sein Dorf einführt. „Ich ging in dem Hof und Garten umher, mit meiner schönen jungen Frau, und wir gingen zum nahen Fluß mit seinen weiten Krümmungen hinunter, zu den unterspülten Ufern und zu den Sandbänken. Sie sollte die Plätze sehen, wo einst … wir die großen Lachse und Hechte gefangen hatten. Die Binsen- und Schilfbüsche sollte sie auch sehen und die flachen Blätter breit auf dem Wasser liegend, wo die Wasserrosen blühten, die weißen und die gelben." – Und so sehen auch wir Noldes Heimat.

Flensburg

200 Destillen machten Flensburg in der zweiten Hälfte des 19. Jahrhunderts zur Rum-Hauptstadt. Der Rohstoff kam aus den karibischen Kolonien Dänemarks. Der 17jährige Nolde hatte weder Geld für noch Interesse an dem exotischen Getränk.

In der Flensburger Norderstraße um 1900. In Flensburg lernte Nolde nicht nur das Holzschnitzen, sondern auch das „Großstadtleben" kennen.

Die Ostsee schiebt sich an der deutsch-dänischen Grenze über 40 Kilometer weit ins Land hinein, bis am Ende der Förde Flensburg auftaucht. Das vom Ufer bis zu 60 Meter Höhe ansteigende Land mit den dahinter liegenden hügeligen Feldern und Wäldern – diese von der Eiszeit aufs schönste geformte Landschaft an der Ostseeküste – ist „Nolde-Land". Es ist noch nicht die Fremde, in die sich Nolde am Ende seiner vierjährigen Lehrzeit in Flensburg hinaustraute.

Den 17jährigen Emil Hansen, der 1884 als Lehrling in der Möbelfabrik von Heinrich Sauermann angestellt wurde, muß die Stadt an der Meeresbucht tief beeindruckt haben. Als Kind im abgelegenen Dorf Nolde hatte er die Natur im von kleinen Flüssen und Kanälen durchzogenen Flachland intensiver empfunden als andere. Jetzt wohnte er zum erstenmal am Meer. Und dazu noch in einer Hafenstadt, die ihm mit ihren neuen Eindrücken auch Angst einjagte.

In Flensburg erwarb sich Nolde das Handwerkszeug für seinen späteren Beruf. Auch hier blieb er der Einzelgänger. Während die anderen Lehrlinge

Der Winter 1902/03, den Nolde mit seiner jungen Frau Ada in der Hafenstadt Flensburg verbrachte, war keine glückliche Zeit: „Es kam niemand uns besuchen … und mit dem Malen ging es nicht.“ Damals wie heute waren die Werften wichtige Arbeitgeber. Nur die Schiffe sind ungleich größer geworden.

ihre knappe Freizeit mit Bootsfahrten auf der Förde und Wanderungen in den Wäldern verbrachten, zeichnete er in der Marienkirche die reich geschnitzte Altartafel. „Ich arbeitete von sieben Uhr früh bis sieben Uhr spät und hatte Sonntag während vier Stunden gewerbliches Zeichnen. Außerdem noch täglich abends zwei Stunden Unterricht in der Fortbildungsschule bei dem mir wohlgesinnten Maler Jacob Nöbbe, und bei einem anderen Lehrer hatte ich deutsche Rechtschreibung … Es war zuweilen die Uhr drei, wenn ich überwältigt vom Schlaf ins Bett hinfiel.“ So hat Nolde diese intensive Zeit des Lernens beschrieben. Von der Kunst, die ihn einmal berühmt machen sollte, war er noch weit entfernt. Ein kleines Produkt dieser Zeit ist heute im Theodor-Storm-Museum in Husum zu sehen. Der junge Nolde durfte die Eulen an dem Schreibtisch schnitzen, der dem Schriftsteller damals zum 70. Geburtstag verehrt wurde. 1888 verließ Nolde Flensburg und ging für wenige Wochen nach München. Er kehrte 1902 für einige schwierige Wintermonate noch einmal in die „Stadt am Meer“ zurück. Zusammen mit Ada Vilstrup, die er zuvor geheiratet hatte. „Auf dem Marienhölzungsweg hatten wir in einer kleinen Dachwohnung Unterkunft gefunden … Wir lebten von niemandem gekannt … Es kam niemand uns besuchen … Und mit dem Malen ging es nicht. Ich stand vor der Natur, täglich arbeitend, ringend in halber Verzweiflung … Das beste damals entstandene Bild, ein grüner ‚Froschteich‘, ist später verbrannt.“

Keine glückliche Zeit für den damals 35jährigen Nolde und seine junge Frau. Mit Macht suchten sie nach einer neuen Bleibe. Mit dem Ortswechsel auf die Insel Alsen 1903 begann eine neue, glücklichere Zeit. Auch für Noldes Kunst.

Von Flensburg aus erkundete Nolde auf weiten Ausflügen die Umgebung. Im aufgestauten See spiegelt sich hier das Glücksburger Schloß, das Ende des 16. Jahrhunderts von Herzog Johann dem Jüngeren im Stil der Renaissance aus den Steinen eines abgerissenen Klosters gebaut wurde.

Die letzte Eiszeit formte südlich von Flensburg eine anmutige Hügellandschaft. Ideal für Spaziergänge und Wanderungen in der Nähe der Ostseeküste, an der in Noldes Zeit, aber auch heute bekannte Künstler gemalt und gewohnt haben.

Was für Vincent van Goghs Gemälde das Gelb der Sonnenblumen in der Provence war, wurde für Emil Noldes Bilder später das Gelb der Rapsfelder in der Landschaft seiner Heimat. Gelb in Harmonie mit dem Blau von Himmel und Meer sowie dem Grün der Felder.

Alsen

Die dänische Insel Alsen im Kleinen Belt, die durch den nur 200 Meter breiten Alsen-Sund vom Festland (Jütland) getrennt ist, war für Nolde bis 1917 das Refugium, wo ihm der künstlerische Durchbruch gelang, wo seine Kunst die Expressivität erreichte, die ihm seit langem vorgeschwebt hatte. In diesen Jahren wurde es zur Regel, daß er die Wintermonate in Berlin verbrachte und die Sommer auf Alsen, das damals noch zu Schleswig-Holstein gehörte. Nach der ersten Unterkunft im Dorf Notmarkskov fand er mit Ada ein kleines Fischerhaus in Guderup an der Südküste.

„Die Insel Alsen ist ein wundervolles, fruchtbares Stück Land, mit Buchenwäldern, schweren Weizenfeldern und Obstgärten mit vielen Gravensteiner Äpfeln." So beschrieb Nolde seine neue Heimat. Er baute sich direkt am Strand eine Bretterbude – sein Atelier für viele Jahre. „Durchs Fenster schweiften frei die Augen über das Meer hinweg, und nichts war zu sehen als nur Wasser und die Wolken und an hellen Tagen drüben der schmale Landstreifen der dänischen Inseln." Hier begann Nolde die berühmte Serie seiner „Herbstmeere".

In diesem äußerst einfachen Arbeitsraum am Meer fand Nolde die kontemplative Ruhe für seine inneren Bilder: „Auch oft saß ich im stillen Raum, die Fenster waren vorgezogen, verhalten, mit matten Gesichten, eine leere weiße Leinwand anstarrend, anschauend, bis Figuren, Phantasien, oder Himmel und Wolken sich zeigten und ich diese dann zeichnend oder malend zu einem Bild zu gestalten suchte. Zuweilen ging es bis in die Nacht hinein, bis bei meinem Licht, einer Kerze, die letzten Farben, die an diesem Tag – aus technischen Gründen – noch gemalt werden mußten, hingemalt waren."

Nach Alsen kamen auch seine Freunde. Der „Brücke"-Künstler Karl Schmidt-Rottluff verbrachte den Sommer 1906 hier. Man diskutierte gemeinsam und arbeitete getrennt. Der Hamburger Jurist Gustav Schiefler, der 1911 den ersten Band des Verzeichnisses von Noldes Graphik herausbrachte, genoß am Strand von Alsen die Freizügigkeit des Badelebens. Doch unter den Einwohnern auf der Insel – Fischer, Bauern und einfache Handwerker – fand der Künstler niemanden, mit dem er über seine Arbeit reden konnte.

Seine Verbindung zur Natur war so intensiv wie eh und je. „Alle Tage ging ich meinen Weg zum Atelier hinunter. Meinen langen schlängelnden Weg durch den Wald und am steinigen Strand entlang. Jeden Baum kannte ich, jeden Stein, ich streichelte sie, die Steine still und hart und die Bäume rauschend wie in Gesprächen, wenn oben in den Wipfeln der Wind mit ihnen spielte. Ich liebte den Wald. Es tat mir weh, wenn im Herbst die Holzknechte kamen, hauend, sägend, brutal die schönsten Bäume niederlegend. Dröhnend fielen sie hin, quer über meinen Weg und lagen tot, die hochgewachsenen herrlichen Stämme, mit verlorener Krone, bis Lastpferde sie in das Meer hinausschleiften, und die hol-

Ada und Emil Noldes Haus auf Alsen, das sie bei einer Wanderung über die Insel entdeckt hatten. Hier besuchte den Maler 1906 der „Brücke"-Künstler Karl Schmidt-Rottluff und warb ihn für die Gemeinschaft.

ländischen Frachtschiffe sie wegführten."

Auf Alsen brachte Nolde das Motiv der Bauerngärten in seine Kunst ein. Nicht wenige Menschen verehren ihn heute allein dieser Bilder wegen. Er schrieb: „Die blühenden Farben der Blumen und die Reinheit dieser Farben, ich liebte sie. Ich liebte die Blumen in ihrem Schicksal: emporsprießend, blühend, leuchtend, glühend, beglückend, sich neigend, verwelkend, verworfen in der Grube endend." Für ihn galten die Blumen als ein Symbol für Leben und Sterben, Werden und Vergehen in der Natur.

Die Alsener Jahre wurden für den Künstler überschattet von den Sorgen um seine kränkelnde Frau Ada und großen finanziellen Schwierigkeiten. In künstlerischer Hinsicht war es eine äußerst fruchtbare Zeit. Allein im Jahr 1915 ist die immense Zahl von 88 Gemälden zu verzeichnen. Viele seiner heute so berühmten religiösen Bilder, deren Deutung immer noch Rätsel aufgibt, wurden in der kleinen Bretterbude auf Alsen gemalt: das Triptychon der „Maria Ägyptiaca", „Simeon im Tempel", „Grablegung". Nolde hielt diese Arbeiten mit für seine besten Werke. Unter welchen Umständen sie auf Alsen entstanden, hat er anschaulich beschrieben: „Ein paar Nägel in die Bretterwand eingeschlagen, ersetzten eine Staffelei, meine Handballen oft und die Finger, ein Stückchen Leder oder Pappe ersetzten die Pinsel … Zuweilen auch hing die Leinwand an der Außenseite des Ateliers, oder sie lag draußen quer über einer Kohlenkiste. In der kühlen Luft fühlte ich mich an heißen Tagen frischer, und der Wald gab seinen Schatten."

Nicht nur Emil Nolde fand an der deutschen Ostseeküste das Refugium für seine Arbeit. Wenig später folgten ihm die Künstler der „Brücke"-Ge-

In seinem Tagebuch schrieb der Künstler: „Die Insel Alsen ist ein wundervolles, fruchtbares Stück Land, mit Buchenwäldern, schweren Weizenfeldern und Obstgärten mit vielen Gravensteiner Äpfeln."

Zu Emil Noldes Zeiten wurde das Heu noch von Hand gewendet und aufgebockt. Die maschinelle Verarbeitung komprimiert die Heuhaufen heute zu kompakten Rollen.

Auf Alsen baute sich Nolde am Strand eine Bretterbude, die sein Atelier wurde: „Durchs Fenster schweiften frei die Augen über das Meer hinweg, und nichts war zu sehen als nur Wasser und die Wolken …"

Abendstimmung über der Ostsee auf Alsen. Auch der „Brücke”-Künstler Erich Heckel entdeckte hier sein Malrevier, südlich von Alsen bei Osterholz. Ernst Ludwig Kirchner verbrachte die Sommer auf Fehmarn. Karl Schmidt-Rottluff siedelte sich in Hohwacht an.

Auf Alsen sind die Fachwerkhäuser farbig und nicht schwarzweiß wie etwa im Münsterland. Im Schutz der Hauswände wachsen die Stockrosen an den niedrigen Katen oft bis zur Dachrinne hoch.

meinschaft. Erich Heckel entdeckte 1913 bei Osterholz südlich von Flensburg sein Malrevier. In der kleinen Bucht am Fuße des hohen Ufers von Osterholz malte er seine schönsten Strand- und Meerbilder. Nach dem Krieg kaufte Heckel in der hügeligen Abgeschiedenheit an der Ostsee ein reetgedecktes Haus. Er verlebte hier über ein Vierteljahrhundert die Sommermonate. Von seiner Bucht aus konnte er am Horizont die Insel Alsen sehen.

Karl Schmidt-Rottluff entdeckte 1914 das kleine Fischerdorf Hohwacht für sich. Am Strand von Hohwacht, im Schatten der Steilküste, entstand eine Fülle von Zeichnungen, die er später in seinem Berliner Atelier in große Bilder umsetzte.

„Ocker, Blau, Grün sind die Farben von Fehmarn, wundervolle Küstenbildungen, manchmal von Südseereichtum …“, schwärmte im Sommer 1912 der Maler Ernst Ludwig Kirchner. Die Sommeraufenthalte auf der Insel Fehmarn vor der holsteinischen Ostseeküste inspirierten ihn zu seinen wunderbaren Badebildern, die heute zu den Höhepunkten der Kunst des deutschen Expressionismus gerechnet werden. Auch Otto Müller kam nach Fehmarn und malte hier über viele Wochen seine schönen melancholischen Akte in der Natur.

Emil Nolde kehrte der Insel Alsen 1917 den Rücken. Eine zunehmende Zahl von Sommergästen begann seine Einsamkeit zu stören. Bei Ruttebüll in Westschleswig hatte er schon vor Ausbruch des Ersten Weltkriegs eine neue Sommerunterkunft gefunden. Russische Gefangene nutzten die Brettertür seines Alsen-Ateliers am Wasser als Floß zur Flucht nach Dänemark.

Das Licht bricht sich in der feuchten Meeresluft an der Küste in ewig wechselnden Tönen: pflaumenblau und zartrosa. Der Himmel malt die abenteuerlichsten Bilder.

Utenwarf

Der Erwerb des kleinen Gehöftes Utenwarf am Fluß Wiedau, auf einer Warft erhöht gelegen, war für Nolde eine Rückkehr in die Landschaft seiner Kindheit. Das herbere Nordseeklima stimulierte ihn. An der Ostsee auf Alsen hatte er häufig unter Kopfschmerzen gelitten. Utenwarf weckte neue Kräfte in ihm. Das verfallene alte Haus mußte instand gesetzt werden. In der Scheune richtete sich der Künstler sein Atelier ein. Eine Werkstatt, kein Salon.

Der Maler, der sich seiner künstlerischen Mittel jetzt sehr sicher war, arbeitete viel. Aber auf Utenwarf wurde er auch zum Bauern, Jäger und Fischer. Die harten Kriegs- und Nachkriegsjahre hatten die Menschen arm gemacht. Ada und Emil Nolde konnten froh sein, daß die eigene kleine Bauernwirtschaft sie nun ernährte. Im Stall standen eine bunte Kuh und ein Pferd. Auf ihrer Wiese weideten zwölf junge Ochsen. Die Aale, die Nolde in seinem Boot heimbrachte, wurden selbst geräuchert. Mit der Schrotflinte sorgte er für den Sonntagsbraten. Wie er es schon als Kind gelernt hatte. Aber: „Im kleinen schwankenden Jagdboot stehen und dabei die Ente treffen, war mehr, als so ein Maler zu leisten vermochte." Trotz solcher und vieler anderer Widrigkeiten liebte der Künstler diese Autarkie des Landlebens über alles. Es entsprach gleichermaßen seinem Wunsch nach Unabhängigkeit von anderen Menschen und seiner Tatkraft.

Als Nolde das Gehöft erworben hatte, war ihm nicht klar gewesen, daß die Herbststürme über der Nordsee das Land rings um seine Warft regelmäßig unter Wasser setzen würden. Wie anderswo bei hohem Schnee die Wege mit Reisigbesen markiert werden, so geschah es hier bei Hochwasser. Man war weitgehend von der Welt abgeschnitten. Doch Nolde, der die Einsamkeit so sehr liebte, war glücklich in dieser Wasserlandschaft: „Es war herrlich, wenn um uns in meilenweiter Sicht alles nur Wasser war, wenn der hohe Himmel sich spiegelte, oder wenn in der Nacht der Mond mit seinem kalten Glanz ein Silbermärchenland bildete … Und schön war es, wenn der Wind in langen Streifen die Wellen peitschte, oder die farbigen Morgen- und Abendwolken sich in der Wasserfläche verdoppelten. Viel Romantik und viel Ungemach, aber die Schönheit vermochte alles andere zu ersetzen."

Die Rückkehr in seine eigentliche Heimat an der Nordsee war für den Künstler zum Glücksfall geworden. „Wenn einmal Du das Paradies malen wirst, dann gedenke dieser Stunden hier, die Du so glücklich erleben durftest," schrieb er mit dem ganzen Überschwang seiner Begeisterungsfähigkeit. Noldes Meeresbilder sind zum bleibenden Zeugnis dieser enthusiastischen Naturempfindungen geworden.

Fast wie eine Entschuldigung für seinen oft als schroff empfundenen Charakter klingt nun auch seine Feststellung, daß die Bedrohung durch die Gewalt der Natur in Nordfriesland Menschen mit zähem, stählernem Willen und tiefernstem Wesen präge, deren Schweigen in südlicheren Regionen

Fischerboot und Reusen an der Wiedau bei Ruttebüll. Von ihrem Haus „Utenwarf" hatten die Noldes einen weiten Blick über die Flußniederung.

Emil Nolde hielt sich 1919 auf der Hallig Hooge auf. Die Naturlandschaft der Nordsee faszinierte ihn immer wieder aufs neue.

geborenen Deutschen oft unverständlich sei.

Lassen sich zwei so unterschiedliche Künstlerpersönlichkeiten wie Emil Nolde aus Nordfriesland und der österreichische Schriftsteller Robert Musil (1880–1942) aneinander messen? Bei aller Unterschiedlichkeit gibt es eine bemerkenswerte Schnittstelle im Leben des Autors von „Der Mann ohne Eigenschaften" und des expressionistischen Malers.

Wie der in Hamburg lebende Künstler Volker Lang als Stipendiat der Nolde-Stiftung bei seinem Aufenthalt in Seebüll vor kurzem herausfand, sind sowohl Musil als auch Nolde Zeuge der Jahrhundertsturmflut am 30. August 1923 geworden. Musil, zu der Zeit Feriengast auf Sylt, schrieb: „Oben auf den Dünen konnte man kaum die Augen offen halten, und in der Heide hinter den Dünen taumelten die Menschen in ihren bunten Wolljacken hin und her wie eine geschüttelte Blumenwiese. Um drei Uhr war die Flut, wir kämpften uns an den Strand durch und sahen zu, wie das Wasser von ein Uhr an immer höher stieg. Erst fraß es die Sandburgen und den breiten Badestrand, dann holte es sich die Strandkörbe, die man auf halber Höhe der hinter dem Strand senkrecht aufsteigenden Inselwand in Sicherheit gebracht zu haben glaubte; einer nach dem anderen plumpsten sie, von den Wellen geholt, wie ungeheure Seehunde ins Wasser."

Nolde erlebte die Sturmflut auf Utenwarf. Er schrieb in seinen Tagebuchaufzeichnungen: „Eines Mittags, es war der 30. August 1923, war bei mildem, stillen Sonnenschein das Barometer so tief gefallen, daß wir ganz verwirrt wurden. Es verging noch eine Stunde schönster Idylle mit merkwürdiger Spannung, und dann kam plötzlich ein so rasender Sturm, daß alle Sparren krachten, er wirbelte den Strohdiemen am Haus hoch, so daß die wieder herunterfallenden Büschel wie Räder über die Wiesen rollten, und das Wasser der Wiedau wurde zu Wolken gepeitscht." Zwei Texte als kleine Fundgrube für Exegeten. Die Nolde-Aufzeichnungen zeigen auf jeden Fall, daß der Maler an seinem neuen Wohnort trotz der dramatischen Naturereignisse eine bisher nicht gekannte Ruhe gefunden hatte.

Die Jahre auf Utenwarf waren für Nolde eine Zeit der Ernte. Der Maler hatte in Deutschland Förderer und Sammler für seine Kunst gewonnen. Außer in seinem ländlichen Refugium war er nun auch in Berlin und Hamburg zu Hause. Nicht unbedingt aus Neigung, aber aus Einsicht in die Bedingungen einer Künstlerkarriere war der Einsiedler aus Nolde längst auch zum Großstädter geworden. Ein Pendler zwischen extremer Einsamkeit und städtischer Hektik.

Die schwarze Wolkenwand signalisiert Weltuntergang. Ein Wetter mit bedrohlicher Stimmung, bei dem sich Menschen und Tiere ganz still verhalten. Man ist den Launen der Natur in der Nachbarschaft der Nordsee mehr ausgesetzt als anderswo.

In solch einem flachen Holzkahn betätigte sich der Maler als Angler und Fischer. Er muß es geliebt haben, sich lautlos auf dem Wasser durch die Landschaft zu bewegen.

Wenn der Nebel in der Wiedau-Niederung hochsteigt, verschwimmen die Konturen, und jeder Gegenstand wirkt schemenhaft. Es ist die Stunde der Geisterseher und Spökenkieker.

Emil Noldes Empfinden für die starke und unverfälschte Natur war die Wurzel für seine Malkunst. „Es war herrlich", so schwärmt er über seine Utenwarfer Jahre, „wenn um uns in meilenweiter Sicht alles nur Wasser war."

Die Bäume sind deutliche Wegemarken in der Landschaft. Bei Sturm werden sie oft schwer gebeutelt. Der Wind zaust die Kronen, kämmt ihre Zweige in eine Richtung. Die regenschweren Wolken scheinen fast bis auf die Erde zu hängen.

Am Ende des Regenbogens liegt ein Schatz vergraben? Wer ihn finden wollte, müßte in der flachen Landschaft am Meer besonders weit marschieren. Der durch Sonnenreflexion entstandene Bogen ist hier weiter und höher als anderswo.

Berlin und Hamburg

Nolde war 22 Jahre alt, als er 1889 zum erstenmal nach Berlin kam. Er hatte einen Teil seiner Lehr- und Wanderjahre hinter sich, besaß kaum Geld und schlug sich viele Monate mit Gelegenheitsjobs durch. Er zeichnete Vignetten für Geschäfte, Etiketten für Zigarrenkisten und modellierte Ornamente und Figuren für Stukkateure. 1890 erhielt er endlich eine feste Anstellung als Entwurfszeichner in der damals größten Berliner Möbelfabrik Pfaff. „… Arabesken modellierend und Ornamente zeichnend, Rokoko-Ornamente für die Umrahmungen von zuckersüßen Bildern für Salons der Bremer Lloyddampfer." Genauso distanziert, wie er später diese Arbeit schilderte, berichtete er über seine Vergnügungen in der Großstadt: „Und wieder ging es in die Destillationen, ein Bier trinkend, oder auch zu den Sing- und Negerkabaretts des Nordens hin. Ich ging mit." Er zeichnete in dieser Zeit viel in den Museen. Doch ob ihn die Kunst beeindruckte, erfahren wir nicht.

Nolde hat sich nie enthusiastisch zu Berlin geäußert, das Leben auf dem Lande immer positiv abgehoben gegen die Hektik der Großstadt. Tatsache ist aber, daß er nicht wenig Zeit seines Lebens in Berlin verbrachte. 1901 suchte er sich an der Spree sein erstes Atelier. Die kleine Wohnung, die er mit seiner jungen Frau Ada bezog, hatte rostrote Wände, an denen am Meer gesammelte Algen und Gräser hingen und bizarre Schatten warfen. Wie fremd Nolde sich in der Stadt noch fühlte, beschreibt eine kleine Bemerkung aus seinen Lebenserinnerungen: „Wir gingen nach der Bellevuestraße in das Künstlerhaus zu einem Künstlerabend der alten Künstlerherren, um zu sehen, wie Künstler seien – und gingen bald wieder nach Hause." Noch fühlte sich der junge Künstler aus Nolde, mit den in der Großstadt „umhergrasenden Augen", durchaus nicht dazugehörig. Doch das sollte sich ändern.

1902 wurden seine Bilder, die er zur Ausstellung der Berliner Sezession schickte, abgelehnt. Unter der Führung Max Liebermanns hatte sich die Sezession 1898 von der konservativen Künstlervereinigung abgespalten. Als kurze Zeit später acht Bilder von Nolde in Köln vorgestellt wurden, schrieb eine Zeitung: „Nolde zeigt sich in seinen Ölgemälden als malerischer Anarchist verwegenster Art." 1906 und 1907 war er dann auch bei den Ausstellungen der Berliner Sezession dabei. Ab 1908 hielt er sich im Winter durchgehend in Berlin auf.

Als im Jahr 1910 seine Bilder von der Jury der Sezession unter Leitung von Max Liebermann wieder zurückgewiesen wurden, schrieb Nolde einen bitterbösen Brief an den Berliner Malerfürsten, in dem er nicht nur die parteiische Kunstpolitik der Sezession attackierte, sondern auch Liebermanns Kunst selber. Diese mutige Offensive hatte zur Folge, daß der Maler, der sich später heftigst über die geringe Unterstützung durch die anderen Expressionisten beklagte, aus der Sezession ausgeschlossen wurde.

Emil Nolde war ein sehr in sich gekehrter Mensch. Er liebte die Einsamkeit. Trotzdem faßte er in Berlin und Hamburg Fuß und mischte sich in der Hauptstadt auch sehr ernsthaft in die Künstlerstreitigkeiten ein.

Der Streit zeigt aber auch, daß Nolde in der Großstadt Berlin Fuß gefaßt hatte. Als die „Brücke"-Künstler Heckel, Kirchner, Müller und Schmidt-Rottluff – unter Führung von Pechstein – 1910 die „Neue Sezession" gründeten, schickte er seine Bilder zu ihrer Ausstellung in die Potsdamer Straße. Später schrieb er über diese Schau, an der neben den „Brücke"-Malern auch Franz Marc, Wassily Kandinsky und Alexej von Jawlensky teilnahmen: „Seitdem, in den folgenden zwanzig Jahren, sind nie mehr so konzentriert schöne Werke unserer jungen Kunst beisammen gewesen. Ich stand still davor, aber innerlich glühend und bewegt über all diese starke künstlerische Kraft unserer jungen neuen Zeit … Es gingen aber nur wenige Besucher hin zu dem großen Ereignis. Einige vor den Bildern lachten und spotteten. Andere diskutierten. Die Presse schwieg." Heute könnte Nolde sicher sein, daß eine gleichermaßen bestückte Ausstellung zu einem Riesenpublikumserfolg würde. Zu sehen waren damals u. a. Noldes „Heilige Nacht", Franz Marcs Tierbilder, Ernst Ludwig Kirchners Zirkusbilder und Karl Schmidt-Rottluffs Landschaften.

In der Tauentzienstraße hatte Emil Nolde ein Atelier gefunden, das fast zwanzig Jahre hindurch sein Berliner Zuhause blieb. „Es lag mit seinem großen Fenster den Gärten zugewandt. Wir hörten nur ganz, ganz fern das Summen der von Lautwellen und Staub geschwängerten Großstadtluft. Und zuweilen auch vom Zoogarten herüber fern die wilden Vögel schreien und die Raubtiere brüllen." So hat Nolde sein langjähriges Berliner Domizil beschrieben. Er empfand extrem die Polarität seiner Lebensweise zwischen ländlicher Idylle im Sommer und Großstadtdschungel im Winter. Die Stadt war ihm fremd: „… die Benzinstraßen, der Zigarettendunst der Lokale, die blassen Wangen der Menschensklaven in dem Vierteljahreswechsel fremder Herbst-, Winter- und Frühjahrsmoden, dem Wechsel in Pelzen, Mänteln, in Schuhen und Handschuhen

Als der Künstler sich 1910 in einem Hotel am Hamburger Hafen einmietete, war auf der Vulkan-Werft gerade der Luxusliner „Imperator" für die Hapag auf Kiel gelegt worden. Nolde schrieb über seine in der Hafenlandschaft entstandenen Radierungen, daß sie „Lärm und Tosen, Rausch und Rauch und Leben, doch wenig Sonne" hätten.

und Strümpfen, – das alles so sehr wichtig schien." Und doch! Der Maler, der skizzierend und zeichnend nächtelang in den Kneipen und Kabaretts saß, profitierte von diesem scharfen Gegensatz. Die Motive des Berliner Nachtlebens zogen in seine Kunst ein. Zeitweise warf er sich fast süchtig in die nächtlichen Unterhaltungen der Stadt, die gerade dabei war, sich zur Weltstadt zu mausern. Er zog für diese nächtlichen Abenteuer seinen schwarzen Frack an, seine Ada ihr bestes Kleid. „... wir gingen auf Maskenbälle, in die Kabaretts, in den Eispalast. Und dann in öffentliche Lokale, wo fahl wie Puder und Leichengeruch impotente Asphaltlöwen und hektische Halbweltdamen in ihren elegant verwegenen Roben saßen, getragen wie von Königinnen. Und weiter ging es hinein in den Zigarettendunst der Cafés der Morgenstunden, wo Neulinge aus der Provinz, harmlos mit Straßendirnen sitzend, im Sektrausch halb einschliefen."

Daß Nolde für die Kunstszene nun dazugehörte, zeigen auch die Besucher, die er in seinem Atelier empfing. Lustig beschreibt er den Auftritt der italienischen Futuristen: „Wie ein Föhnwind kamen die italienischen Futuristen nach Berlin gezogen, die Räume mit ihren Bildern füllend und einer nie gekannten Propaganda sich bedienend. Eines Abends im Smoking standen sie in meinem Atelier, Marinetti und Boccioni, lebhaft und bejahend das Phantastische und Neue in meiner Graphik und den Bildern."

1928 zog Nolde in ein neues Atelier in der Bayernallee im Grunewald um. Drei Jahre später ernannte man ihn zum Mitglied der Preußischen Akademie der Künste. 1933 wurde ihm die Nachfolgeprofessur Max Slevogts angetragen. Im selben Jahr erhielt er das Angebot, Präsident der Staatlichen Kunstschule in Berlin zu werden. Der Künstler lehnte beides ab. 1933 war aber auch das Jahr der einsetzenden Verfolgung der Kunst, für die er eintrat. Der deutsche Expressionismus wurde von den Nationalsozialisten als „Kulturbolschewismus" gebrandmarkt. Nolde verstand die Welt nicht mehr. Er zog sich zurück. 1941 reiste er zum letztenmal nach Berlin. 1942 traf eine Bombe sein Berliner Atelier. Die gesamte Graphik des Künstlers wurde zerstört. Um die 3000 kleine und große Blätter gingen verloren. Das Verzeichnis dieses Werkkomplexes verdankte der Künstler dem Hamburger Gustav Schiefler, der sich als einer der ersten für Nolde eingesetzt hatte.

Sein besonderes Verhältnis zu der

Hafenstadt deutete Nolde einmal mit der Bemerkung an, in Hamburg habe er sich „ein wenig beheimatet gefühlt". Eine spröde Liebeserklärung an eine Stadt, in der er früh Unterstützung für seine Kunst gefunden hatte. Nach längerem Studienaufenthalt in Paris betrat er im Jahr 1900, mit dem Dampfer von Le Havre kommend, in Hamburg wieder heimatlichen Boden. In der Stadt an der Elbe bot er einer Kunsthandlung fünf Jahre später seine Radierungen an, die in Berlin entstanden waren. Ohne Erfolg. Aber man wies ihn weiter an den Juristen Gustav Schiefler, der sich „für so etwas" interessiere.

Die Bekanntschaft mit Schiefler wurde für den damals 39 Jahre alten Künstler zum Glücksfall. Der Hamburger Jurist zählte zu den wenigen begabten Menschen, die früh ein gutes Auge für Neues in der zeitgenössischen Kunst hatten. Edvard Munch, Emil Nolde und die „Brücke"-Künstler waren seine Protegés zu einer Zeit, als diese Maler im allgemeinen noch wüsten Beschimpfungen ausgesetzt waren. Schieflers Liebe und Kennerschaft galt vor allem der Graphik.

Er erkannte auf Anhieb die Qualität von Noldes Radierungen. Werke, die in langen Arbeitsnächten entstanden waren. „Ich arbeitete, kratzte und ätzte, so daß alles um mich herum, Wäsche, Tapeten, Kleider, mitleidend war." So beschrieb der Künstler später selber die Vehemenz, mit der er an seinen Radierungen gearbeitet hatte. Der Hamburger Jurist verfaßte den ersten Essay zu Noldes Werk. Und der Künstler vermerkte gerührt, daß er nur Lobendes las und nicht die Verunglimpfungen, denen er ansonsten in der Regel ausgesetzt war.

1910 mietete sich Nolde in einem kleinen dunklen Hotel bei den Vorsetzen am Hamburger Hafen ein. „Unten war eine Gassenschänke mit Matrosen und fremdländischen, gebräunten Seeleuten, und viel Augenreiz, oben einige Räume zum Wohnen. Mein Zimmer lag über einer Durchfahrt, mit Wagengetöse, und kalt war es. Tag und Nacht lärmten und tuteten die Autos auf der Straße, die Schiffe und Pinassen im Hafen."

Das von ihm so anschaulich beschriebene Milieu inspirierte den Künstler. Er arbeitete wie ein Wilder. „Mit den Pinassen voll Menschen ging ich fahrend, arbeitend, bei dem Getriebe auf den Landungsbrücken saß ich, immer arbeitend, und abends legte ich die Platten in die fressende Säure, drei Stunden war die angemessene Zeit." Der begnadete Dauerschläfer wunderte sich, daß er jeweils zur richtigen Zeit aufwachte: „Ich schlief schwer müde, wie angewachsen im Bett, und doch genau zur richtigen Minute aufwachend, nachschauend, die Platte spülend – sie war gut. In einer Viertelstunde mehr wäre sie zerfressen, verdorben gewesen."

Nolde hat über diese meisterhaften, kraftvollen Radierungen später einmal geurteilt, daß die in der speziellen Atmosphäre der Industrielandschaft des großen Hafens entstandenen Hamburger Bilder „Lärm und Tosen, Rausch und Rauch und Leben, doch wenig Sonne" hätten. Aber sie fanden Liebhaber. Darunter das Hamburger Ehepaar Rauert. In seinem Haus in den Elbvororten war den Nolde-Bildern ein ganzer Raum gewidmet. Diese phantastische Sammlung aus den zwanziger Jahren geriet lange in Vergessenheit. Erst eine Ausstellung am Ende des 20. Jahrhunderts machte in der Hansestadt wieder auf die Kollektion und damit auf einen Aspekt der Nolde-Rezeption aufmerksam.

Seebüll

Im Haus Kliffende wohnte Nolde während seiner Aufenthalte in Kampen auf Sylt. Ein bekanntes Domizil für Sommergäste. Auch Thomas Mann und der Gründer der „Weltbühne" Siegfried Jacobsohn zählten zu den Gästen.

Kein anderer Ort ist so eng mit dem Namen Nolde verknüpft wie Seebüll. Die von dem Maler selbstentworfene Backsteinburg beherbergt heute die Nolde-Stiftung und ist als Museum einer der wichtigsten Punkte auf der Landkarte des Schleswig-Holsteinischen Kunsttourismus. Niebüll, wo die Straße abgeht nach Sylt, weiter nach Klanxbüll und Aventoft. Und am Ende liegt Seebüll. Ganz nah der dänischen Grenze. Diesen Weg, der zu Noldes Zeiten in die pure Einsamkeit führte, nehmen heute im Jahr weit über 100 000 Besucher. Seebüll ist zur Gralsburg des deutschen Expressionismus geworden.

Wie eine Fata Morgana moderner Raubritterzeiten taucht der wuchtige rote Backstein-Solitär am Horizont auf. In einer Landschaft, in der sich die Häuser ansonsten unter fast bis zum Boden reichende Reetdächer ducken, geschützt vor dem ewigen Wind, der von der nahen Nordsee her übers flache Land fegt.

Der Künstler hatte die Warft Seebüll, auf der er ein Jahr später sein Wohn- und Atelierhaus baute, im Jahr 1926 gekauft. Utenwarf war ihm durch die Landsanierungspläne, durch die Eingriffe in die von weiten Wasserflächen geprägte Natur, verleidet worden. Zudem hatten ihm die zwanziger Jahre auch so viel Erfolg beschert, daß er sich nun eine großzügigere Unterkunft leisten konnte.

In seinen Erinnerungen sinnierte Emil Nolde, daß er zu diesem Zeitpunkt – kurz vor seinem 60. Geburtstag – wohl auch in Kopenhagen, Zürich, Paris oder Florenz seine „Flügel hätte senken können". So weit hatte er es immerhin gebracht. Er war kein Unbekannter mehr.

Natürlich war es kein Zufall, sondern mehr als folgerichtig, daß solche Ideen reine Gedankenspielereien blie-

Zu Noldes Zeiten auf Sylt reichte für den Transport der Gäste mit der Inselbahn ein Waggon. Dieses Verkehrsmittel wurde 1888 in Betrieb genommen und wurde zu einer „Inselattraktion".

ben und der extrem heimatverbundene Künstler vor der Haustür auf die Suche nach seinem Alterssitz ging. Die Landschaft seiner Kindheit war zur Landschaft seiner Kunst geworden. Hätte er sie verlassen, hätte er sich gleich doppelt seiner Wurzeln beraubt. Mit dem Ankauf von Seebüll schloß sich der Kreis der Nolde-Orte, dessen erste Station – das dänische Dorf Nolde – nur wenige Kilometer von dem erwählten Alterssitz entfernt liegt.

Warum Nolde mit seinem Haus einen so massiven architektonischen Fremdkörper in die Landschaft setzte, darüber kann man heute noch rätseln. Das sechseckige Gebäude mit seinem viereckigen Anbau sollte offenkundig modern sein. Natürlich waren dem Künstler die Ideen der Bauhaus-Architekten vertraut. In Hamburg hatte er die aufkommende Mode der Backsteinarchitektur mitbekommen. Seine selbstentworfene Trutzburg hat von vielem etwas. Vor allem auch von der Idee des Gesamtkunstwerks, die zu der Zeit sehr en vogue war. Möbel, Lampen, Kissen, Nolde-blaue Wände. Alles das gehört zum Gesamtkunstwerk Seebüll, wie es der Maler entwarf, wie es heute noch zu erleben ist. Für den Besucher kommt die Fülle der Werke hinzu, die in den der Öffentlichkeit zugänglichen Räumen dicht gedrängt hängt. In Wahrheit ist es nur eine kleine Auswahl aus dem Besitz der Nolde-Stiftung, die 500 Gemälde, 5500 Aquarelle und 2000 Blatt Druckgraphik hütet.

Nolde, der sich trotz aller Anfeindungen jetzt als etablierter Künstler verstehen durfte, schuf sich mit Seebüll endlich auch das Atelier, das seiner Arbeit angemessen war. Kein Provisorium mehr wie die Bretterbude auf Alsen oder die Scheune auf Utenwarf. Sondern ein sechs mal sieben Meter großer Raum. Viel Platz für den Künstler, der

Ada und Emil Nolde in Seebüll 1927. Die Pläne für das Wohnhaus, den blockartigen Klinkerbau, hatte der Maler selbst entworfen.

Ada und Emil Nolde (links) in Seebüll im Jahr 1933. Der Maler war jetzt ein angesehener Künstler.

Auf seinem Hof empfing er nicht nur Gäste, sondern gab auch kleine Feste.

nach wie vor mit protestantischem Pflicht- und Sendungsbewußtsein seiner Arbeit nachging. In seinen Erinnerungen schreibt er: „Es wäre vielleicht nahegelegen, den Raum in fröhlicher Weise mit Musik und Tanz, mit Gelage und Reden einzuweihen. Ich konnte dies nicht. Eine Stätte der Arbeit sollte es sein, eine ernste Stätte der Pflicht, die nicht leichtfertig entweiht werden durfte." (Wie sich „Die Freuden der Pflicht" – so das Thema des Aufsatzes, den Siggi Jepsen in Siegfried Lenz' Nolde-Roman „Deutschstunde" schreiben muß – gegen den Künstler wenden, ist in dem Kapitel „Ungemalte Bilder", S. 122 ff., nachzulesen.)

Nolde war glücklich am neuen Ort. „Wir standen auf unserer Warft Seebüll, die ganze weite Himmelswölbung über uns, mehr noch als den Halbkreis rundend, denn seltsam ist es, wie sehr eine kleine Anhöhung in der flachen Ebene den Himmelsbogen vergrößert." Er liebte diese ozeanische Weite der friesischen Westküste. Zusätzlich bot ihm seine Warft Seebüll eine gute Basis für kleine Fluchten vor der Haustür. Schon 1919 hatte Nolde auf Hallig Hooge südlich der Insel Föhr mit großem Erfolg einige Malwochen verbracht. Im Sommer 1930 flüchtete er vor der Unruhe, die Reparaturarbeiten am Seebüll-Haus mit sich brachten, nach Kampen auf Sylt. Als einsamer Wanderer am Strand empfand er das

Dieses Boot schenkte Ada ihrem Mann zum Einzug auf Seebüll.

Meer, die Wolken, den Sturm wieder in ihrer ganzen Urgewalt. Als ob er sich selber wie eine andere Person beobachtet, schreibt er: „Ein Wilder läuft den Strand entlang im weißen Nebel, der den Wolken folgt. Die Brecher grollend glitten schäumend hoch, im Sand hinan, ihre großen naßen Bogen zeichnend, wie Schuppen übereinander hinlegend. Die graugelbe Gischt springend, sich überschlagend, endend zwischen den gepeitschten Strandhalmen." Was er in eckiger Poesie beschrieb, setzte er später in Bilder um. Zu seinem Glück hatte er in Kampen ein Giebelzimmer mit Meerblick gefunden. Aus seinen Notizen in diesen Sommerwochen spricht das Selbstbewußtsein des Künstlers, der bei sich angekommen ist: „Das augensinnlich Geschaute vergeistigt neu entstehen lassen, das ist die Gunst meiner Gabe, mein Glück. – Die Wogen, ihr Grollen, die Wolken vor und über mir, der Strand, die Dünen, das graue Gras, es alles war mein."

Seine Ada hatte derweil die Reparaturarbeiten in Seebüll beaufsichtigt. Wer heute mit Aufmerksamkeit durch den traumschönen kleinen Garten am Museum wandert, kann die enge Verbundenheit des Paares Ada und Emil Nolde buchstäblich nacherleben. Im Muster der bunten Blumen sind die Initialen A und E verborgen. Eine heimliche Liebeserklärung, die der 60jährige Nolde seiner Frau bei der Planung des Gartens machte.

Von Noldes Alterssitz auf der Warft in Seebüll geht der Blick nach allen Seiten weit in die Landschaft. Das Meer ist nah, und der Seewind läßt das Schilf rauschen. Ein Geräusch, das jeder liebt, der sich in dieser Landschaft zu Hause fühlt.

Der Friesenhof, den der Besucher des Künstlermuseums Seebüll im Blick hat, ist so wehrhaft wie alle Häuser, die in der windgebeutelten Landschaft Bestand haben wollen.

Noldes Garten ist, neben den Ausstellungsräumen, heute ein Hauptanziehungspunkt für die vielen tausend Gäste, die jeden Sommer das Anwesen überschwemmen.

Der Klatschmohn ist von schier unerschöpflicher Schönheit und hat Nolde zu vielen Aquarellen inspiriert. Auf diesem Foto erscheinen die Blütenblätter wie aus flüssigem Wachs geformt.

Wie ein gestrandeter Wal schieben sich rechts die dunklen Lahnungen in das Bild des pfirsichfarbenen Wattbodens.

Das Foto erhebt den Sonnenhut zu einer strahlenden Königin der Blumen.

Wie ein lilafarbener Teppich stehen die Krokusse im Frühling in Reih und Glied unter den noch kahlen Bäumen. Auftakt des Farbenrauschs, den der Kundige in der flachen Landschaft des Malers Nolde erleben kann.

Den Dahlien räumte der Künstler in seinem Garten einen besonderen Platz ein. Er aquarellierte die Blumen am liebsten ganz aus der Nähe. So, wie sie auch der Fotograf in all ihrer Schönheit festhielt.

Tulpen von unten gesehen. Kerzengerade stehen sie auf ihren schlanken Stengeln, die Sonne erwartend, um sich ganz zu öffnen.

Die Blütenblätter des Mohns scheinen in Flammen zu stehen. Das Licht hat die Schönheit der Blüte grandios in Szene gesetzt. Festen Halt gibt nur der Stengel.

Noldes selbstentworfene Klinkerburg auf der Seebüll-Warft nahe der dänischen Grenze gehört heute zu den Hauptattraktionen des Tourismus in Schleswig-Holstein.

Nolde auf Reisen „Ich fuhr zur Heimat …“

Nolde ist heute der Inbegriff des einsamen Künstlers, des großen Einzelgängers unter den deutschen Expressionisten. Seine nordfriesische Heimat war das Stimulans seiner Kunst. Der weite Himmel, das bewegte Meer und das flache Land wurden das Kraftwerk für seine Bilder. Begegnungen mit Menschen waren eher rar in seinem Leben.

Dabei sieht sich die Nolde-Biographie – von außen betrachtet – durchaus weltläufig an. Der Künstler ist viel mehr gereist, als seine starke Heimatverbundenheit vermuten läßt. Seine Unrast, die ihn auch zu Hause immer zu langen Spaziergängen über Land antrieb, führte ihn in viele Länder, sogar halb um den Globus. Aber alle Reisen verstärkten jeweils seine Sehnsucht nach dem Land seiner Kindheit. „Ich fuhr zur Heimat, all den materiellen Kram hinter mir lassend. Das Elternhaus zog mich an sich und die Heimat: die reifen Kornfelder, die Herbstwolken, die Ebene. Die Ebene, wo keine Einzelbäume die Bildfläche zerreißen, und wo ein Pfahl, in einfacher Fläche stehend, ein Monument wird.“ Wann immer Nolde in die Welt hinauszog, stellte sich alsbald diese nach seiner ersten großen Reisezeit so formulierte Sehnsucht nach zu Hause ein.

Reisen bildet. Der Bauernjunge aus dem Dorf Nolde sog die Eindrücke in der Fremde auf wie ein Schwamm. Der späte Durchbruch zu dem ihm ganz eigenen norddeutschen Expressionismus gelang ihm mit Gewißheit auch durch die Seh-Erfahrungen, die er auf seinen Reisen, zum Beispiel in München und Paris, machte. In den Großstadtmuseen holte er nach, was ihm auf seinem engen Bildungsweg in der nordfriesischen Heimat vorenthalten worden war: die Begegnungen mit den großen Malern der Kunstgeschichte.

Die Lehre in Flensburg hatte ihn nicht weit weggeführt von seinem Heimatdorf. Doch an diese vier Jahre schloß sich eine 14jährige Wanderzeit an, in der Nolde sich ungewöhnlich mutig in die Welt hinaus traute. 1888 – mit knapp 21 Jahren – reiste er nach München. „Ich fuhr 4. Klasse, mit Krämern, Musikanten und allerlei fremdartigen Menschen zusammen in den Zügen, die auf jeder Station halten, 42 Stunden lang.“ Interrailer können vielleicht heute noch ermessen, was das heißt.

Die Großstadt München überwältigte den jungen Nordfriesen. Aber ein bißchen gehörte er schon dazu. Denn auf einer Kunstgewerbeausstellung an der Isar wurde das Friesenzimmer mit seinen schönen Möbeln, an denen er in Flensburg mitgearbeitet hatte, viel bewundert. In München fand er Arbeit in einer Möbelfabrik, zog aber bald weiter nach Karlsruhe, wo er zu seinem großen Glück als Student der dortigen Kunstgewerbeschule aufgenommen wurde. „In der Schule zeichnete ich Gipsköpfe und malte Stilleben, ich lernte Perspektive und auch Anatomie,“ berichtete er später in seinen Erinnerungen. Eine ganz gewöhnliche Akademieausbildung also, die aber seine Wahrnehmung und seine handwerklichen Fähigkeiten für die spätere

„Merkwürdigerweise waren es nicht die Farben, die mir als Erlebnis geblieben waren," schrieb Nolde über seine Reise in die Südsee. Ein Grund mag sein, daß die Farben am Himmel seiner Heimat den Sonnenuntergängen in den Tropen durchaus ebenbürtig sind.

künstlerische Tätigkeit durchaus schulte.

Im Herbst 1889 siedelte Nolde, der sein Ziel längst noch nicht gefunden hatte, nach Berlin über. Ein erster großer Sprung, mit dem er einen Fuß in die Tür zur Kunst setzte, gelang ihm 1892. Nolde wurde als Lehrer am Gewerbemuseum in St. Gallen in der Schweiz angestellt. Er unterrichtete ornamentales Zeichnen und Modellieren und lieferte Entwürfe für Kunsthandwerker. Alles Dinge, die er sich weitgehend selbst erst aneignen mußte.

Natürlich war der Flachländer heftig beeindruckt von der Schweizer Bergwelt. Immer zu Extremen neigend, eroberte Nolde sich diese neue Landschaft mit Vehemenz. Er berichtet, daß er in vier Tagen zuerst den Monte Rosa und dann das Matterhorn bestieg.

Die künstlerische Ausbeute dieses sechsjährigen Aufenthalts in der Schweiz ist das bizarrste Kapitel in Noldes Werk. Er malte und zeichnete groteske Bilder von Bergriesen. Grob vermenschlichte Karikaturen mit Knollennasen, gefletschten Zähnen und breitem Grinsen. Sein erstes Ölbild „Die Bergriesen", an dem er zwei Jahre gearbeitet hatte, wurde 1897 bei der Jahresausstellung in München abgelehnt. Aber dann hatte er Erfolg. Zwei seiner karikaturhaften Bergpostkarten wurden in der Münchener Zeitschrift „Jugend" abgedruckt. Nolde ließ eine hohe Auflage herstellen und konnte im Handumdrehen 100 000 Stück verkaufen. Nun im Besitz von 25 000 Goldmark und einer nie gekannten finanziellen Freiheit entschloß er sich, in München seine Kunst voranzutreiben.

Franz von Stuck, der Malerfürst an der Isar vor der Jahrhundertwende, wies Nolde ab. Aber in der Malschule von Friedrich Fehr kam er voran. Noch

Die Unendlichkeit des Wassers wird kaum sichtbar begrenzt durch die drei Halligen am Horizont. Inseln zwischen Himmel und Erde, auf denen nur Menschen existieren können, die das abgeschiedene Leben lieben.

wichtiger wurde für ihn der Aufenthalt in Dachau bei München, wo die Angehörigen der dortigen Künstlerkolonie im Sinne einer lyrisch freien Naturauffassung arbeiteten – nach dem Vorbild der Meister von Barbizon und ihren stimmungsvollen Landschaften. Nolde lernte bei Adolf Hoelzel, der sich, wie der Russe Kandinsky, mit einer Farbtheorie befaßte, die versuchte, die Gesetzmäßigkeiten der musikalischen Harmonielehre in die Malerei zu übertragen.

Die Freiheit der Farbe. Das wurde von nun an zum wichtigsten Studienthema von Noldes Lehr- und Wanderjahren. An die Münchener Zeit hängte er einen neunmonatigen Aufenthalt in Paris an. In der Metropole der Kunst weitete sich sein Horizont. Im Louvre sah er die großen Meister. Er studierte Edouard Manet. Er lernte, lernte, lernte.

Doch Nolde war und blieb nordisch, friesisch, eigenbrötlerisch. Er verließ Paris und zog etwas unstet in Dänemark umher. Kopenhagen, Isefjord, Lildstrand, Kopenhagen … bis er mit seiner jungen Frau Ada das Häuschen auf Alsen fand, das ihm zur Heimat wurde.

Noldes erste große Italienreise fand eher zwangsläufig als gewollt statt. 1904/05 suchte seine Frau Ada Heilung in Taormina (Sizilien) und auf der Insel Ischia. Nolde begleitete sie. Das Licht des Südens, das durch Jahrhunderte zur Offenbarung für deutsche Künstler geworden war, berührte den nordischen Maler erstaunlich wenig.

Der Kunst wegen reiste Nolde 1911 nach Brüssel. In seinen Erinnerungen äußerte er sich sehr reserviert über das von dem Wiener Baumeister Josef Hoffmann entworfene und eben fertiggestellte Palais Stoclet. Der Stil der Wiener Werkstätten – dieser Stil war nicht seine Kunst. Aber er suchte gezielt nach den Werken von James Ensor und war tief beeindruckt von einer, mangels gemeinsamer Sprache, nahezu stummen Begegnung mit dem belgischen Einzelgänger, der eine Kunst vertrat, die ihm nah war. Auch in den Museen von Amsterdam fand er Verstärkung für seinen Weg in der Malerei. In einem Brief an seinen Hamburger Förderer Gustav Schiefler äußerte er sich begeistert darüber, daß schon so viele Werke von Manet, Degas, Cézanne, Gauguin und van Gogh Einzug in deutsche Museen gehalten hatten.

„Es war am 2. Oktober 1913, als um 1 Uhr nachts auf dem Zoo-Bahnhof der Fernzug zur Abfahrt pfiff. ‚Auf Wiedersehen!‘ riefen alle, es flatterten und kreisten die Taschentücher und Hüte der vielen Abschiednehmenden.“ So beschrieb der Maler den Start zu dem größten Reiseabenteuer seines Lebens. Er und seine Frau Ada waren vom Reichskolonialamt in Berlin zu einer „Medizinisch-demographischen Deutsch-Neuguinea-Expedition“ eingeladen. Nolde hatte sich in den zurückliegenden Jahren viel mit der Kunst der Urvölker beschäftigt. Er hatte immer wieder in den Völkerkundemuseen gesessen und gezeichnet. Er begeisterte sich für die archaischen Ausdrucksformen früher Kulturen. Die Einladung zu der Expedition kam also wie gerufen. Die Reise führte über Moskau, durch Sibirien nach Seoul, Tokio, Peking, Shanghai, Hongkong, Manila und endlich Papua-Neuguinea.

Nolde zeichnete und malte während dieser Reise „wie ein Wilder“. So heißt es in der deutschen Sprache, wenn einer etwas leidenschaftlich tut. Aber es soll nicht heißen, daß sich seine Kunst unter dem Eindruck der fremden Länder, der exotischen Landschaften „wild“ veränderte. Im Gegenteil. Genauso wie das Erlebnis des Mittelmeerlichts sich in seiner Kunst nicht niedergeschlagen hatte, bestärkten ihn auch die Sonnenuntergänge in den Tropen in der Meinung, daß die im Meer versinkende Sonne seiner nordfriesischen Heimat den Himmel in Flammen setzt, wie er es auf seinen weiten Reisen nirgendwo sonst stärker erlebt hatte.

„Merkwürdigerweise waren es nicht die Farben, die mir als Erlebnis geblieben waren,“ erinnerte er sich später. Und meinte weiter: „Meine vielen Farbenzeichnungen und Bilder, welche ich auf den Südseeinseln malte, entstanden künstlerisch unbeeinflußt von exotischer Art zu bilden, ja, meine kleinen Holzplastiken, ‚mit dem Material in der Hand‘ mitten zwischen Inseln und Stämmen der Urbevölkerung entstanden, blieben in Empfindung und Darstellung so heimatlich nordisch deutsch … wie ich es selbst bin.“

Trotzdem muß die Reise in die Tropen, die Nolde im Frühsommer 1914 über Celebes, Java, Birma, Aden, Port Said, Genua zurückführte auf seine kleine Insel Alsen, die Augen des Malers für die Farben „seiner“ Landschaft neu geöffnet, vielleicht auch geschärft haben. In den folgenden Jahrzehnten entstanden die in extremen Farben glühenden Meeresbilder, wie man so vorher noch nie welche gesehen hatte. Bilder, für die er heute berühmt ist. Bei der Bewertung von Noldes Aufzeichnungen der großen Reise-Expedition von 1913/14 ist immer zu bedenken, daß zwischen dem Erlebnis und der Niederschrift 22 Jahre lagen.

Nolde war in den folgenden Jahrzehnten nur noch wenig unterwegs. 1921 in England und Spanien, 1925 in Italien. Seine Reisen hatten ihn viel gelehrt. Er war nicht mehr neugierig auf die Welt. In Seebüll hatte er den Ort auf der Landkarte seines Künstlerlebens gefunden, der ihm entsprach.

Für solche grandios in Flammen stehenden Wolkenbildungen haben die Kinder an der Nordsee vor Weihnachten eine ganz einfache Erklärung. Sie sagen: „Das Christkind bäckt."

Die Genesis lernte der junge Nolde im Konfirmandenunterricht kennen. Die Bilder der Schöpfungsgeschichte kannte er schon aus der Natur. „Und Gott sprach: Es werde Licht! Und es ward Licht. Und Gott sah, daß das Licht gut war. Da schied Gott das Licht von der Finsternis und nannte das Licht Tag und die Finsternis Nacht."

Nolde im Elfenbeinturm
Die „Ungemalten Bilder“

Der Künstler selbst faßte die vielen hundert Arbeiten aus der wohl ungewöhnlichsten Schaffensphase seines Lebens unter dem Namen „Ungemalte Bilder“ zusammen. Manche Nolde-Kenner halten dieses Konvolut der kleinformatigen Aquarelle, die heimlich während der Zeit des 1941 über ihn verhängten Malverbots entstanden, für den Höhepunkt seines Werkes. Die Genesis der „Ungemalten Bilder“ hat die Phantasie der Menschen nach 1945 sehr stark beschäftigt.

In romanhafter Form schildert der Schriftsteller Siegfried Lenz in seinem 500-Seiten-Buch „Deutschstunde“, wie das deutsche Ethos der Pflichterfüllung, von dem der Maler Nansen, alias Nolde, selber zutiefst durchdrungen war, dem Künstler zum Verhängnis wird. Sein Freund, der Polizist, tut im Namen des Gesetzes seine Pflicht und überwacht das Malverbot mit dem Eifer des Gerechten.

Emil Nolde beschreibt die Zeit des Nationalsozialismus, in der seine Kunst als „entartet“ beschimpft und zu einem nicht geringen Teil vernichtet wurde, in seinen Erinnerungen in einer Mischung aus Hilflosigkeit und Fassungslosigkeit, Trotz und Zorn. Es muß eine schizophrene Zeit für ihn gewesen sein. Auf der einen Seite glaubte er an ein Sendungsbewußtsein und eine Höherwertigkeit der nordischen Rasse; auf der anderen Seite erlitt er die Attacken der arischen Ideologen gegen seine Kunst als großes Unrecht. Er war zutiefst überzeugt, bei seiner Arbeit auf dem richtigen Weg zu sein: „Wenn der Künstler sein Werk geschaffen hat, das ihn selbst befriedigt, dann können Kaiser und Könige und ein jeder sagen, es sei nichts, das ändert das Bewußtsein des Schaffenden gar nicht.“

Nolde trat relativ früh der dänischen NSDAP bei. Es gab antisemitische Äußerungen von ihm. 1945 strich er sie aus seinen Büchern. Den Anfang der Verfolgung seiner Bilder formulierte er mit dem Satz: „In öffentlichen Vorträgen mit Lichtbildern nach unseren Werken wurde unsere freie, endlich deutsch gewordene Kunst geschmäht und erniedrigt.“ Endlich deutsch geworden? Später wird er seine Kunst als „gesund“ verteidigen. Das war das Vokabular der Nationalsozialisten, die aus Deutschland ein Gefängnis der Kultur gemacht hatten. Auch sie sprachen von einer „gesunden deutschen“ Kunst. Nur meinten sie etwas anderes als Nolde. Manchmal möchte man ihn gegen seine eigenen Äußerungen in Schutz nehmen.

„Wir oft gutgläubigen und etwas weltfremden Künstler wußten nicht, was geschah,“ schrieb der Maler in seinen Erinnerungen. Und in einem Brief an einen Freund 1942: „Du weißt, daß ich nicht ‚unzuverlässig‘ bin, dekadent oder entartet, und Du weißt auch, wie ich gekämpft habe für alles Schöne und Edle, das unserem deutschen Volke gegeben werden kann, für meine Kunst, gegen Überfremdung und Bevormundung.“

Nolde war zerrissen zwischen seinen nordisch vernebelten Vorurteilen und der klaren Einsicht in die Richtig-

Emil Nolde starb 1956 im hohen Alter von 88 Jahren. Was dem Maler Farben bedeuteten, hat er selber so formuliert: „Jede Farbe birgt in sich ihre Seele, mich beglückend oder abstoßend und anregend."

keit seiner Kunst. Seebüll wurde sein Elfenbeinturm, in dem er die Zeit überstand.

Im August 1941 – der Maler war gerade 74 Jahre alt geworden – traf der Brief aus Berlin ein, der Nolde die Ausübung seines Berufs verbot. Das Schreiben, das von Adolph Ziegler, dem Präsidenten der Reichskammer der bildenden Künste (damals hinter vorgehaltener Hand als „des deutschen Reiches Schamhaarmaler" tituliert), verfaßt worden war, macht, wenn man es heute liest, fassungslos: „Anläßlich der mir seinerzeit vom Führer aufgetragenen Ausmerzung der Werke entarteter Kunst in den Museen mußten von Ihnen allein 1052 Werke beschlagnahmt werden ... schließe ich Sie wegen mangelnder Zuverlässigkeit aus der Reichskammer der bildenden Künste aus und untersage Ihnen mit sofortiger Wirkung jede berufliche – auch nebenberufliche – Betätigung auf den Gebieten der bildenden Künste."

Nolde gehorchte. Mußte gehorchen. Er erhielt kein Material mehr. Hätte er mit Ölfarben gemalt, hätte ihn der Geruch verraten. Er zog sich zum Arbeiten in eine kleine Kammer seines Hauses zurück. Das Atelier verwaiste. Aber in dem kleinen Raum setzte er eine Arbeit fort, die er genau genommen schon 1919 bei einem Aufenthalt auf Hallig Hooge begonnen hatte. Damals hatte er in kleinformatigen Aquarellen die Meeresstimmung festgehalten. Mit der Idee, diese Bilder später in großformatige Gemälde umzusetzen. 1938 griff er diese Technik wieder auf. 1941 wurde sie lebensrettend für seine Existenz als Künstler.

20 mal 17 Zentimeter, 17 mal 15 Zentimeter, 14 mal 17 Zentimeter. Die Formate der „Ungemalten Bilder" sind extrem klein. Man konnte sie zwischen zwei Buchrücken verschwinden lassen. Nolde malte auf altem Japanpapier. Manchmal zerschnitt er die Bögen zu kleinstmöglichen Maßen, um so viel Material wie möglich für neue Motive zu gewinnen. Er übermalte alte Aquarelle aus der Berliner Zeit und nutzte manche Blätter von beiden Seiten. Oder er überarbeitete sie nach geraumer Zeit noch einmal. Bei vielen Arbeiten mischte er die Aquarell- mit Deck- und Pastellfarben oder Tempera.

Diese hochverdichteten Miniaturwerke beglückten den Künstler selbst. Mit Hilfe eines Projektors ließ er einige Bilder vergrößern: „Es war uns ganz erstaunlich, diese Blätter in ihrer vielleicht hundertfachen Größe auf der Leinwand hingeworfen zu sehen. Sie wirkten so farbig schön und fast wie bis ins kleinste fertig, so daß wir ganz benommen waren."

Unter dem Druck des Malverbots und in der Abgeschiedenheit des kleinen Raums konzentrierte sich der Maler nun ganz auf die inneren Bilder. Nicht mehr die Natur wirkte auf ihn ein, sondern er ließ die in seinem Unterbewußtsein gespeicherten Bilder zur Wirkung kommen. Er konnte aus dem Fundus seiner Seh-Erfahrungen schöpfen. Ein Vorgang, den Nolde mit „es malt" umschrieb, den der zeitgenössische Künstler Sigmar Polke mit der Formulierung: „Das Bild, das auf Befehl höherer Wesen gemalt wurde", sehr viel witziger auf den Punkt brachte.

In seiner Seebüller Einsiedelei begann Nolde zum erstenmal, tagebuchartige Sentenzen aufzuschreiben. In seinen „Worten am Rande" findet sich diese farbenpsychologische Überlegung:

„Gelb kann Glück malen und auch Schmerz. Es gibt Feuerrot, Blutrot und Rosenrot. Es gibt Silberblau, Himmelblau und Gewitterblau. Jede Farbe birgt in sich ihre Seele, mich beglückend oder abstoßend und anregend."

Etwa jedes zehnte der „Ungemalten Bilder" zeigt eine Landschaftsdarstellung. Meistens Bilder vom Meer. Auch nach 1945 gelangen ihm, der inzwischen ein sehr alter Mann war, der sich als Künstler aber seiner Mittel immer

Der Wolkenvorhang
über dem Meer ist so
theatralisch wie viel-
deutig, so symbolhaltig
wie die Kunst von
Emil Nolde es ist.

noch absolut sicher sein konnte, Meeresbilder von größter Schönheit. Lila, Grün, Orange, Gelb, Weiß, Schwarz, Rot, Türkis. Für diese wagemutigen Farbkombinationen und -explosionen in der Fläche, ob als „Ungemalte Bilder" en miniature oder als ausgewachsene Gemälde – genauso wie für seine Blumenbilder –, wird Nolde heute von vielen verehrt.

Als er am 13. April 1956, im hohen Alter von 88 Jahren, starb, fand er die letzte Ruhe in seinem Garten in Seebüll.

Die Menschen, die im Sommer scharenweise zu Emil Noldes Backsteinburg in flacher Nordseelandschaft wallfahrten, können es manchmal nach dem Besuch des Museums gar nicht glauben, daß der Maler so viele Farben in dem Land hinterm Deich sah, das den meisten eher grau erscheinen will.

Emil Nolde Lebensdaten

Die inspirative Kraft der Landschaft und die gezähmte Natur, der Garten, sind es vor allem gewesen, die Emil Nolde zu immer neuen Höchstleistungen getrieben haben.

1867 Am 7. August in dem Dorf Nolde bei Tondern als Sohn des Bauern Niels Hansen geboren. Emil Hansen wird sich später nach seinem Geburtsort Emil Nolde nennen.

1884–88 Lehre als Holzschnitzer in der Sauermannschen Möbelfabrik und Schnitzschule in Flensburg.

1889–97 Lehr- und Wanderjahre führen Nolde nach München, Karlsruhe, Berlin. Von 1892 an unterrichtet er sechs Jahre als Lehrer für gewerbliches Zeichnen am Industrie- und Gewerbemuseum in St. Gallen, Schweiz. Er macht sich einen Namen als Bergsteiger, reist nach Mailand, Wien, München.

1898–1900 Die Akademie in München unter Franz Stuck lehnt Noldes Bewerbung als Student ab. Er besucht daher eine private Kunstschule. Der Künstler reist nach Paris und mietet anschließend, nach einem Aufenthalt bei den Eltern, ein Atelier in Kopenhagen.

1901–04 Bekanntschaft mit der jungen Schauspielerin Ada Vilstrup während einer Wanderung durch Seeland. 1902 Heirat mit Ada. Der Künstler nennt sich fortan Emil Nolde. Im Herbst 1902 Umzug nach Flensburg. 1903 Übersiedlung nach Alsen. Die Insel gehörte damals noch zu Schleswig-Holstein.

1905–06 Reise nach Italien. Im Herbst 1905 Aufenthalt in Berlin. Er lernt in Hamburg Gustav Schiefler kennen. 1906 lädt der Künstler den jungen Schmidt-Rottluff nach Alsen ein. Nolde wird Mitglied der „Brücke"-Gemeinschaft.

1907 Nolde kündigt seine Mitgliedschaft bei der „Brücke", bleibt aber ein Freund der Künstler. Die Sommer verbringt er jetzt regelmäßig auf Alsen, die Winter in Berlin.

1908 Ausstellungen in Berlin (bei Cassirer), Hamburg und Jena.

1909 Erster Sommer in Ruttebüll, nicht weit vom Dorf Nolde an der West-

1927 Nolde beginnt mit dem Bau seines selbstentworfenen Atelierhauses Seebüll auf der Warft, die er im Jahr zuvor erworben hat.

1937 In den deutschen Museen werden 1052 Werke von Nolde beschlagnahmt. Seine Autobiographien sind längst von den Nationalsozialisten verboten. Im selben Jahr wird der Bau seines Hauses abgeschlossen.

1938–45 Trotz des Malverbots, das 1941 gegen ihn verhängt wurde, entstehen mehrere hundert kleinformatige Aquarelle, Noldes „Ungemalte Bilder".

1956 Nolde stirbt am 13. April – neuneinhalb Jahre nach seiner Frau Ada. Ein gemeinsames Testament verfügte die Gründung der „Stiftung Seebüll Ada und Emil Nolde".

küste Schleswig-Holsteins (heute Dänemark). Noldes Versuch, eine internationale Vereinigung fortschrittlicher Künstler zu gründen, um die Vormachtstellung der Berliner Sezession zu brechen, scheitert.

1910 Nolde arbeit am „Hamburger Hafen". Große Ausstellung in Hamburg und Essen. Zweiter Sommer in Ruttebüll.

1911 Er besucht James Ensor und die Verwandten von Vincent van Gogh.

1913–14 Emil Nolde reist auf Einladung des Reichskolonialamts für ein Jahr in die Südsee.

1916 Nolde verläßt Alsen und zieht in das Bauernhaus Utenwarf an der Wiedau, nahe der Nordseeküste.

1920 Das Dorf Nolde und Utenwarf werden durch die Volksabstimmung dänisch.

Autoren/Bildnachweis/Literaturverzeichnis/Impressum

Anna Brenken
lebt als freie Journalistin in Hamburg. Sie berichtet für Tageszeitungen, Magazine und Rundfunk über die aktuelle Kulturszene. Im Ellert & Richter Verlag sind ihre Bücher „Hamburg – Metropole an Alster und Elbe“, „Hamburg-Spaziergänge“, „Auf Paula Modersohn-Beckers Spuren“, „Schönes Hamburg“, „Schönes Dresden“ sowie „Blankenese“ erschienen.

Heinz Teufel
geb. 1949, Studium an der Fachhochschule für Gestaltung in Kiel. Tätig als Landschaftsgestalter, Bildhauer und Fotograf. Zahlreiche Ausstellungen, u. a. in der schleswig-holsteinischen Landesvertretung, sowie Zeitschriften- und Buchveröffentlichungen. Im Ellert & Richter Verlag sind von ihm u. a. die Titel „Lüneburger Heide“, „Usedom“, „Hiddensee“, „Schleswig und die Schlei“ sowie „Schleswig-Holstein – Das Land am Meer“ erschienen.

Bildnachweis
Archiv Ellert & Richter, Hamburg: S. 30 l., 30 r., 31, 48 l., 48 r., 49, 71, 79 r., 92, 93, 94 l., 95
Archiv für Kunst und Geschichte (AKG), Berlin: S. 94 r.
bildarchiv preußischer kulturbesitz, Berlin (bpk): S. 89
Flensburger Schiffahrtsmuseum (Rum Museum), Flensburg: S. 62 o.
Institut for Sonderjysk Lokalhistorie, Aabenraa: S. 79 l.
Landesmedienzentrum (LMZ), Hamburg: S. 90
Stadtarchiv Flensburg (Foto: Raake), Flensburg: S. 62 u., 63
Süddeutscher Verlag Bilderdienst (DIZ), München: S. 123
Ullstein Bilderdienst, Berlin: S. 61

Literaturverzeichnis

Deutsche Kunst im 20. Jahrhundert. Hrsg. Christos M. Joachimides, Norman Rosenthal, Wieland Schmied, München, 1986.
Werner Haftmann: Emil Nolde. Köln, 7. Aufl. 1978.
Emil Nolde. Ausstellungskatalog. Hrsg. Württembergischer Kunstverein Stuttgart, 1987.
Emil Nolde: Mein Leben. Mit einem Nachwort von Martin Urban, Köln, 1976.
Manfred Reuther: Emil Nolde Das Frühwerk. Köln, 1985.
Martin Urban: Emil Nolde Landschaften. Köln, 1993.
Martin Urban: Nolde Ungemalte Bilder 1938–45. Hrsg. Stiftung Ada und Emil Nolde, Seebüll, 1985.

Die Deutsche Bibliothek – CIP-Einheitsaufnahme

Brenken, Anna:
Emil Nolde und seine Landschaft / Anna Brenken ; Heinz Teufel. – 1. Aufl.. – Hamburg : Ellert & Richter, 2002
ISBN 3-89234-977-0

Vorwort: Günter Kunert
Text und Bildlegenden: Anna Brenken, Hamburg
Fotos: Heinz Teufel, Eckernförde
Lektorat: Elisabeth Heise, Großhansdorf
Gestaltung: Büro Brückner + Partner, Bremen
Lithographie: Lithographische Werkstätten Kiel, J&A Ratjen
Satz: KCS GmbH, Buchholz/Hamburg
Druck: Girzig + Gottschalk, Bremen
Bindung: Buchbinderei S. R. Büge GmbH, Celle